तंग गलियों के बंद दरवाज़े

लेखक

रमेश चंद्र तिवारी

संपादन

डॉ. सुधा चौहान राज

Anybook

Title : Tang Galiyon Ke Band Darwaze
Author : Ramesh Chandra Tiwari

Published By

Anybook

Cell : 9971698930
E-mail : contactanybook@gmail.com
Website : www.anybook.org

First published by Anybook in 2022
Copyright © 2022 Anybook
Copyright Text © 2022 Ramesh Chandra Tiwari
Printed and bound in India
Cover Design by Preetika Tiwari, California USA
Typesetting by Anybook

ISBN : 978-93-91571-29-0

The author asserts the moral right to be identified as the author of this work

समर्पित

विद्या की देवी माँ सरस्वती की चरण वंदना करते हुए, देवी वांगेश्वरी के चरणों में मेरा यह प्रथम उपन्यास समर्पित है

माँ सरस्वती की असीम कृपा, माता-पिता के प्यार की अपार शक्ति एवं गुरूजनों के मार्ग दर्शन में जो कुछ सीखा, उनके ही प्रभाव से प्रेरित होकर, मैने यह उपन्यास लिखने का प्रथम प्रयास किया है।

मैंने हिंदी साहित्य का औपचारिक अध्ययन ग्रहण नहीं किया है किन्तु जो कुछ भी बोल-चाल की भाषा के सहारे और जो प्राथमिक शिक्षा मिली, उसी में लिखने का प्रयास किया है। इसमें भाषा की अशुद्धियां एवं व्याकरण की त्रुटियां हो सकती हैं। उसके लिए मैं अग्रिम क्षमाप्रार्थी हूँ।

''मेरा यह उपन्यास उन सभी बेटियों को समर्पित है, जो किसी के क्षणिक बहकावे में आकर, अपना घर छोड़ कर चली जाती हैं और बाद में धोखा खाकर, सारा जीवन नरक के समान व्यतीत करती हैं।''

अंत में इतना ही कहूंगा–

छोड़ दे सारी दुनियां किसी के लिए

ये मुनासिब नहीं जिन्दगी के लिए!!

रमेशचंद्र तिवारी

प्रस्तावना

कोई भी घटना-दुर्घटना हमारे आस पास होती है, तो वह स्वाभाविक रूप से मानव मन पर अपना असर डालती है। हम उस से अवश्य ही प्रभावित होते हैं, लेकिन जो लेखक, शायर कवि, साहित्यकार लोग होते हैं, वह उससे कुछ ज्यादा ही प्रभावित होते हैं। फिर उनका अंतर्मन व्यथित होकर एक अविरल धारा में बहने लगता है। उसी से कविता, कहानी और उपन्यास का जन्म होता है।

ठीक इसी तरह रमेशचंद्र जी ने जो देखा उससे व्यथित होकर पूरा उपन्यास लिख डाला। इसीलिए तो कहा गया है कि साहित्य समाज का दर्पण होता है। हम जो देखते, सुनते, महसूस करते हैं, उसे ही शब्दों में ढालकर समाज को परोसते हैं और समाज उससे शिक्षा लेकर उसके लेखन को सार्थक करता है।

मैं रमेशचंद्र जी के इस प्रयास को बहुत-बहुत बधाई देती हूं कि उन्होंने ''तंग गलियों के बंद दरवाजे'' के अंदर झांक कर समाज के उस कड़वे सत्य को उजागर किया है, जिससे हमारी बहन बेटियां अक्सर आहत होकर नारकीय जीवन जीती हैं। मुझे विश्वास है यह उपन्यास समाज के लिए एक मशाल बनकर भटकों को राह दिखाने में सार्थक भूमिका निभायेगा।

आपकी रचना में जगह-जगह मुहावरों के साथ-साथ कटु व्यंग भी देखने को गिलते हैं। भाषा रीधी रारल आग बोलचाल बी भाषा है। कथानक और पात्र का संयोजन अच्छा होने के साथ ही संदेश वाहक भी है। सभी को यह उपन्यास पसंद आएगा।

मैं आशा करती हूं कि आदरणीय रमेशचंद्र तिवारी जी का लेखन, इसी तरह आगे बढ़ता रहे, उनकी लेखनी चलती रहे और समाज में एक मार्गदर्शक की भूमिका निभाती रहे। उनके इस प्रयास को बहुत-बहुत धन्यवाद।

डॉ. सुधा चौहान 'राज'
इतिहासकार, एवं साहित्यकार

मन की बात

यह उपन्यास ''तंग गलियों के बंद दरवाजे'' मेरा प्रथम प्रयास है। इससे पहले मेरी एक पुस्तक ''पेपर गुलदस्ता'' कहानी, कविता एवं संस्मरण की छप चुकी है किन्तु उपन्यास के रूप में यह नवीन एवं प्रथम प्रयास है।

यह उन ज्वलंत घटनाओं का प्रतिबिंब है, जो हमारे देश-समाज में अक्सर घटित हो रही है। उपन्यास की नायिका एक कच्ची उम्र की अपरिपक्व बालिका है, जो परिवार की सलाह को समझे बिना, एक सोची समझी चालबाजी और सौदेबाजी की शिकार हो जाती है। वह परिवार और माता-पिता पर अविश्वास कर, किसी पराये पर अति विश्वास के साथ घर एवं परिवार को छोड़कर, उस अनजान मित्र के साथ जाने पर किन परिस्थितियों का सामना करती है। कैसी-कैसी यातनाओं को सहती है। अनजान मित्र जो कि एक बहुत ही चालाक और शातिर शिकारी है, नायिका को अपनी बातों में फंसाकर, प्यार की पींगे बढ़ाता है, वह अपरिपक्व और कच्ची उम्र में नायिका को रंगीन सपने दिखाकर, देह व्यापार की उन तंग गलियों के बंद दरवाजे के पीछे धकेल देता है जो सिर्फ अँधेरी सुरंग है जहां जाने का रास्ता तो है, पर बाहर निकलने के लिए सिर्फ मौत या मौन ही है।

नायिका मौन चुनती है किन्तु अपने अंदर एक धधकती ज्वाला के साथ, अंत तक प्रतिशोध में जलने की बजाए, उसकी तपिश को कायम रखकर, उस अँधेरी सुरंग से निकलने का टर रांगव प्रयास करती है और सफल भी होती है किन्तु वह किसी से प्रतिशोध ले, इससे पहले ही गुनहगार पुलिस की गिरप्त में आकर जेल की सलाखों के पीछे पहुँच जाते हैं।

नायिका के इस सफर में उसका छोटा भाई जो घटना का सबब और साक्ष्य बनता है। वह अपनी लगन और कड़ी मेहनत से एक उच्च पुलिस अधिकारी बनकर, बहन का पता लगाना ही जिन्दगी को मकसद बनाता है और अंत में पता लगाकर ही दम लेता है ।

यह उपन्यास उन सारी बेटियों के लिए एक सीख है जो बिना सोचे समझे ऐरे-गेरे के साथ प्रेम की पींगे बढ़ाती और कच्ची उम्र में रंगीन सपने देखने लगती हैं। वे परिवार को तो संकट में डालती हैं स्वयं भी धोखा खाती हैं। उनको यह नहीं मालूम कि उनके पीछे परिवार का क्या हाल होता है ,वो तो चली

जाती है यह सोचकर कि एक दिन तो माता-पिता को छोड़ना है किन्तु पूरा परिवार, समाज में किस तरह तिरस्कृत होकर, दुनिया की नजरों में गिरकर अपना आत्म सम्मान एवमं इज्जत खो चुका होता है। यह पुस्तक हर एक के लिए पठनीय है चाहे वह किसी भी उम्र का हो, क्योंकि यह समाज के हर उस वर्ग का प्रतिबिंब है जो मुक्त भोगी है ।

मैं इस उपन्यास को इस आग्रह के साथ प्रेषित कर रहा हूँ कि पाठक पढ़ेंगे और पसंद करेंगे, साथ ही मेरी यह आकांक्षा रहेगी कि पाठक गणों का प्यार और आशीर्वाद मिले।

मैं श्रीमती सुधा चौहान राज जी को विशेष साधुवाद देता हूँ जिन्होंने मेरा मार्गदर्शन करते हुए पुस्तक का संपादन करके, इसे पूर्णता की मंजिल तक ही नही पहुंचाया अपितु लघु प्रयास को एक विस्तृत रूप दिया है।

विशेष धन्यवाद श्रीमती माया कौल दीदी को देता हूँ जिन्होंने मुझे हर पल इतना प्रोत्साहित किया कि ,मैं सतत् लिखने के लिए अग्रसर हुआ और यह उपन्यास सम्पन्न हुआ ।

मैं अपनी जीवन संगनी का बहुत बहुत आभारी हूँ जो हरदम मेरी प्रेरणा बनकर प्रत्येक अक्षर को एक रूप देकर लिखने के कार्य को सराहती रही, प्रोत्साहित करती रहीं।

मैं अपने बच्चों का अत्यंत आभारी हूँ, अपने सभी स्वजन एवं प्रियजनों का हृदय से आभारी हूँ जिन्होंने न सिर्फ मेरी रचनाओं को सराहा किन्तु इतना प्रोत्साहित किया कि मैं पूरी पुस्तक लिखने का साहस कर सका। धन्यवाद!

रमेश चंद्र तिवारी

मेरी शुभकामनाएं

मेरे लिए यह अत्यंत हर्ष एवं भावनात्मक विषय है कि इन्होंने यानी तिवारी जी ने सिर्फ़ एक वर्ष के अंतराल में हमें जो पुस्तकें अपनी कल्पना एवं कौशल के सहारे, हमारे हाथों में पहुँचाने का सार्थक प्रयास किया है। उसके लिए ये बधाई के पात्र हैं।

यह उपन्यास है जिसमें एक सारगर्भित और मार्मिकता के साथ बेटी विशेष के बारे में लिखा है। बेटी हमेशा परिवार कि वह कड़ी है जो दो परिवारों को जोड़कर,एक नए परिवार का सृजन ही नहीं करती, वो दोनों परिवारों की आन बान और शान होती है। यदि यही कड़ी अलग होकर कही रंगीनियों में गुम हो जाएं तो उसके परिवार को क्या क्या भुगतान करना पड़ता है? बेटी भी सुख और चैन से नहीं रहती है, वह ना तो किसी की बहू बन पाती है और ना ही बेटी रह पाती है यदि रंगीन सपने देखते हुए किसी शातिर और चालाक लोगों के हाथों पड़ जाए।

ऐसा ही उपन्यास की नायिका के साथ हुआ है जो कि तंग गलियों के बंद दरवाज़े के पीछे धकेल दी जाती है जहाँ पर उसके लिए मौत या मौन ही बचता है।

इन्होंने तंग गलियों के बंद दरवाज़े के पीछे की ना सिर्फ़ हक़ीक़त को उजागर किया है बल्कि दरवाज़े के पीछे वालों की मनोदशा का मनोवैज्ञानिक विश्लेषण कर उन स्याह परिस्थितियों का बड़े ही रोचक ढंग से वर्णन किया है।

यह उपन्यास सिर्फ़ पठनीय ही नहीं प्रशंसनीय भी है जो कि बेटियों एवं परिवार के साथ पढ़ने वालों को एक नई सोच एवं सीख के लिए विवश करेगी।

इसी आशा और आकांक्षा के साथ में मैं इनको अनेकानेक शुभकामनायें देती हूँ कि पिछली पुस्तक पेपर गुलदस्ता की ही तरह यह भी पढ़ने वालों के मन को छूकर विशेष अनुभूति का आभास करायेगी।

ढेर सारी शुभकामनाओं के साथ इनकी अपनी हम कदम-

श्री मती गंगा देवी तिवारी

मेरे आदर्श मेरे नानू

मुझे यह बताते हुए अत्यंत प्रसन्नता हो रही है कि मेरे नानू श्री रमेश तिवारी जी ने चंद महीनों में ही दो पुस्तकें लिखकर, हम सब को नई दिशा प्रदान कर, हमें लिखने और पढ़ने के लिए प्रेरित किया है। उनको इस नये उपन्यास ''तंग गलियों के बंद दरवाजे'' के लिए ढेर सारी बधाइयाँ ।

उनका एक और कहानी संग्रह एवं कविता संग्रह भी छपने की ओर अग्रसर है इन उपलब्धियों के लिए मेरी और हमारे दीक्षित परिवार की ओर से अग्रिम बधाइयाँ ।

हम सब खुशियों से ओतप्रोत हैं कि नानू का यह नया गुण हमारे लिये अचरज भरा है और हम सब हतप्रभ है कि यकायक चंद दिनों में इतना लिखना। यह सब एक गुणी लेखक का ही कार्य हो सकता है। शायद पहले से ही नानू के दिल और दिमाग में लिखने का शौक रहा होगा, जो वह अपने जीवन की व्यस्तता के कारण पूरा नहीं कर पा रहे थे किन्तु अब जो उन्होंने लेखन कार्य शुरू किया है। उनका यह कार्य अत्यंत प्रशंसनीय, प्रेरणादायक एवं शिक्षाप्रद है ।

मैं इस आशा के साथ हमारे पूरे दीक्षित परिवार की ओर से ढेरों शुभकामनाएं देता हूँ कि उनकी यह पुस्तक सफलता की नई ऊँचाइयाँ छुयेगी और पाठक गणों को एक नई स्फूर्ति एवं अनुभूति प्रदान कर उनके दिलों को भी छुएंगी।

ढेरों शुभकामनाएं मेरे प्यारे नानू!

निलय दीक्षित
एवं दीक्षित परिवार

मेरा गर्व

पापा ने एक बार फिर कर दिखाया है और इस बार एक उपन्यास के साथ। हममें से किसी ने कल्पना भी नहीं की थी कि पापा में यह रचनात्मक कौशल भी होगा?

उनके पास भाषा और संचार के लिए एक बहुत ही सरल दृष्टिकोण और समझ है। उनका जीवन संघर्षों से भरा रहा है परन्तु राह आसान नहीं रही है।

इतने संघर्षों के बावजूद, जब भी उन्हें मौका मिला किताबों के साथ काफी वक्त गुजारा है। बहुत सारा साहित्य भी पढ़ा है। वह ज्ञान उनकी कहानियों और लेखन की शैली में स्पष्ट दृष्टिगत होता है। वह हमें अपने अद्भुत लेखन से आश्चर्य चकित करते ही रहते हैं।

मुझे उन पर बहुत गर्व है और लिखने के इस खूबसूरत मार्ग में उन्हें प्रोत्साहित करते रहने का इरादा रखती हूँ। जिसे उन्होंने अपने कीमती समय का उपयोग करने के लिए चुना है। इस कहानी में समाज के लिए कुछ कीमती संदेश भी है जो आप सबके मन को छू लेगा।

आशा करती हूं कि आप इसी तरह आगे भी लिखते रहगें और समाज का मार्गदर्शन करते रहेंगे।

ढेर सारी शुभकामनाओं के साथ आपकी बहू

प्रीतिका तिवारी

शुभकामनायें

किसी भी पुस्तक की समीक्षा जैसे उस किताब का इंटरव्यू हो, वह जैसे मध्य में बैठी रहती,,, और उसके बारे में तरह-तरह से, अपनी-अपनी समझ, और अपने-अपने नजरिए से लोग उसकी भाषा भावना और अहसासों को बयां करते रहते हैं। सही समझे जाने पर को प्रसन्न होती होगी और अनावश्यक चीर-फाड़ करने वालों पर होती होगी उसकी अनमयस्क सी चुप्पी, खैर यह बात तो समीक्षा से अलग हट कर है।

श्री रमेशचंद्र जी का प्रथम उपन्यास ''तंग गलियों के बंद दरवाजे'' के बारे में कुछ विचार व्यक्त करना मेरी धृष्टता ही होगी क्योंकि मैं स्वयं उपन्यास का आकलन करूं ऐसी मेरी समझ नहीं है फिर भी आग्रह पर कुछ नितांत व्यक्तिगत विचार व्यक्त करने का साहस कर रही हूं।

उपन्यास के नाम से ही जाहिर है कि ज्वलंत विषय पर कुछ कहा गया है और एक बहुत ही मार्मिक कहानी के माध्यम से समाज की कुरीतियों असहाय वर्ग के विचारों और हताशा को व्यक्त किया गया है।

उपन्यास की नायिका एक कच्ची उम्र की बालिका है और कुछ गलत निर्णय के फेर में पड़कर अनजान व्यक्ति के हाथों यातना सहती रहती है।

मुझे लगता है कि उपन्यास एक नैतिकता की शिक्षा देता है यदि बच्चे अपने माता-पिता की सीख को, बात को नहीं मानेंगे तो खतरा तो बना ही रहेगा।

उपन्यास में सब कुछ है। एक छोटा भाई है जो बहन के प्रति समर्पित है और अपने लक्ष्य में बहन का पता लगाने में कामयाब भी होता है, लेखक ने प्रस्तावना में स्पष्ट ही लिख दिया है कि माता पिता की सीख नहीं मानने पर बुरा तो होना ही है।

उपन्यास में सीख है और सभी वर्ग के लिए साफ सुथरा संदेश भी है, पर मुझे लगता है कि सब स्थिति परिस्थितियों में यह ब्रह्म वाक्य सफल होता नहीं है।

थोड़े खुले विचार के माता-पिता भी होना चाहिए और थोड़े आज्ञाकारी बच्चे भी। माता-पिता को अपने व्यवहार में इतना स्पेस रखना ही चाहिए कि बच्चे हर तरह की शेयरिंग कर सकें। उपन्यास का कलेवर भी बहुत जानदार है शानदार है और विषय भी ज्वलंत और स्थितिपरक है, मुझे विश्वास है हर

वर्ग को इस उपन्यास से बहुत प्यार मिलेगा।

श्री रमेश चंद्र जी को मेरी ओर से अनेक-अनेक शुभकामनाएं उनके प्रथम उपन्यास के लिए। उनकी पहले भी एक किताब पेपर गुलदस्ता आ चुकी है जो शान से मेरी लाइब्रेरी की शोभा बढ़ा रही है शुभकामनाओं के साथ

आपकी बड़ी बहन
माया कौल

बधाई पापा नई पुस्तक के लिए

पापा की दूसरी किताब तंग गलियों के बंद दरवाज़े,पापा का यह पहला उपन्यास है और गर्व के साथ आप

सब को सादर भैंट है ।

ये उपन्यास समाज की जटिलता को गहराई से पेश किया गया है। जो कि पापा की एक साल से ज़्यादा की

मेहनत है वह देश विदेश के अनुभवों का निष्कर्ष है। पापा का देश यानी भारत का अनुभव फ़ौज के कठोर

अनुशासित जीवन से मिला है,जिसे उन्होंने मुस्कराते हुए व्यतीत किया , उसी तरह उपन्यास की नायिका का

जीवन भी उतार चढ़ाव से व्यतीत हुआ है।

जैसा कि पहले भी कहा है कि पापा का फ़ौजी से लेखक का सफ़र अपने मायनों में पहला और अजूबा

है,इसलिए मेरे गर्व की सीमा नहीं है।

मेरा शत शत नमन पापा को,इसी आशा और आकांक्षा के साथ कि पिछली पुस्तक की तरह यह उपन्यास

भी पढ़ने वालों को पसंद आएगी और दिलों को छू जाएगी ।

अपने पापा को अपरिमित गर्व के साथ अनंत शुभकामनाएँ ।

डॉक्टर प्रशांत तिवारी,
कैलिफोर्निया, अमेरिका

अपने अपने ही होते हैं..
हम सजग रहें...

तंग गलियों के बन्द दरबाजे
एक उपन्यास

लेखक	: श्री रमेश चंद तिवारी
प्रस्तावना	: डॉ. सुधा चौहान
सफरनामा	: दिल्ली से दुबई तक
मुख्य पात्र	: शांति से शांति तक, एक कच्ची उम्र की अपरिपक्व बालिका
अन्य पात्र	: धोखेबाज, धंधेबाज
वातावरण	: नरकीय
खास	: लेखक की तारीफे काबिल परिकल्पना
निष्कर्ष	: वर्तमान के हालातों में सजग एवं सतर्क रहने की आवश्यकता, एक चेतावनी.

इस उपन्यास में एक मुस्लिम समाज के दिखने में शरीफ लड़के ने शौकत से संतोष बनकर एक कॉलेज में पढ़ती सुन्दर लड़की शांति से किसी तरह सम्पर्क बनाया. नित प्रतिदिन वह लड़की से कॉलेज के बाहर निर्धारित स्थान और समय पर मिलता रहा. यह सिलसिला काफ़ी दिनों तक जारी रहा. इसकी भनक लड़की के घरवालों को नहीं लगी. परिणाम स्वरुप वो एक दिन बड़ी चालाकी कहें या चतुराई से दिल्ली ले गया. सफर के रास्ते में कई बार उससे खाने पीने के विषयक पूछता रहा. साथ ही अपना भरोसा और विश्वास जताने के लिए शांति से कहता रहा कि अभी भी कुछ नहीं बिगड़ा है अपुन चाहें तो वापस चल सकते हैं वह दिल्ली में पूर्व रचित रचना अनुसार एक कमरे में रह रहे लड़के के पास पहुंचे. वहां से नियोजन अनुसार कानपुर में नौकरी लग गई है का बहाना बनाकर ले गया. कानपुर में एक वैश्यालय ले गया और बाजी के हवाले कर अपनी कीमत लेकर फिर नये शिकार की तलाश में चल दिया. बाजी सब मिलाकर बहुत ख़तरनाक थी. बाजी ने शांति का नाम बदल कर सलमा रख दिया. बाजी ने उस महल के सारे कायदे क़ानून समझा दिए. फिर क्या बेबसी में शांति ने सब कुछं सहा. एक बार दुबई से बाजी

का प्रेमी मलिक वर्ष में एकाध बार कानपुर आता था. उसको शांति पसंद आ गई तो बाजी ने अपने प्रेमी को ख़ुश करने के लिए शांति को मलिक के साथ दुबई जाने की इजाजत दे दी. शांति ने सोचा कि चलो इस चंगुल से तो निकलो. शांति ने उस मलिक से निकाह कर लिया और उसके आलिशान महल मलिक विला में रहने लगी. समय बीतता गया. शांति उर्फ़ सलमा मजे से रहने लगी लेकिन अपनों की याद तो अपनों की होती है. रह-रह कर वो अपनों में डूब जाती थी. मलिक नशे का बहुत शौकीन था इस कारण एक दिन उसकी तबियत बिगड़ी और उसका इंतकाल हो गया. सलमा अकेली रह गई जैसे तैसे उसने समाज के लोगों की सहायता से अंतकर्म पूरा किया. इसी बीच शांति का छोटा भाई एक बड़ा पुलिस अधिकारी बन यात्रा के तार मिलाते, मिलाते किसी तरह दुबई पहुँच गया. उसी दिन मलिक का दशवें का आयोजन था. जब सब चले गए तब उसने अपनी बहन से अपनेपन का राज़ खोला. शांति की ख़ुशी का ठिकाना नहीं रहा. अंत में शांति का विवाह एक रहीस घराने के हिन्दू रीति रिवाज़ हिन्दू परिवार में हुआ. उपन्यास का सार यह है कि हमारी नाबालिग, अपरिपक्व बेटियों को अनजान लोगों पर कभी भरोसा नहीं करना चाहिए. अपने माता-पिता, भाई-बहन और अन्य नजदीकी रिश्तों पर भरोसा कर उनकी बात मानना चाहिए. अन्यथा धन-दौलत से इज्जत का पलड़ा सदैव भारी रहता है. अभिभावकों को भी अपने बच्चों की दिनचर्या पर निगरानी रखनी चाहिए.

डॉक्टर जी.डी. अग्रवाल

अध्यक्ष-इन्दौर संभाग पुस्तकालय संघ

तंग गलियों के बंद दरवाज़े

शान्ति को तो यह भी पता नहीं था कि वह लोग कहां जा रहे हैं? वह तो बस संतोष के साथ चली आयी थी। पहले रिक्शा फिर बस और अब ट्रेन में बैठे-बैठे लगभग तीन घंटे हो चुके थे।

कथित संतोष ने सिर्फ यह बोला - शान्ति, यदि तुम मुझसे प्यार करती हो, तो झट से तैयार हो जाओ। हम लोग इस शहर से दूर, कहीं दूर चले जाएंगे। जिस रिश्ते में अपनों की मर्जी थोपी जाये, वह अपने नहीं दुश्मन होते हैं। इकलौती बेटी हो, तुम्हारे मां-बाप भाइयों को क्या सूझी कि हमारे प्यार को लोग पाप समझ बैठे?

आज तक मैंने तुम्हारे साथ कुछ गलत किया, सच बताओ शान्ति, जो वह हमारे रिश्ते पर भड़क गए? मां का तो ठीक है, बाप और भाइयों ने तुम पर हाथ उठाया। यदि हगारी शादी हो चुकी होती, तो सौगंध ऊपर वाले की मैं ईंट से ईंट बजा देता, हॉ ईंट का जवाब पत्थर से देता। लेकिन क्या करूं हम दोनों ही अभी कुंवारे हैं। तुम्हारी उम्र भी कम है महज १७ बरस की हो, एक साल तो रुकना ही पड़ेगा।

कुछ देर रूककर फिर बोला- फिर भी तुम चाहो तो वापस जा सकती हो। हम लोग अगले स्टेशन पर उतर कर वापस चले जायेंगे। ज्यादा दूर नहीं आये हैं, सिर्फ दो ही स्टेशन गुजरे हैं। हो सकता है अपने शहर से करीब ५० किलोमीटर ही दूर आए होंगे।

शान्ति गुमसुम बैठी सुन रही थी। क्या बोले इसने अपने प्यार का वास्ता दिया तो वह अपने दिल के हाथों मजबूर हो गयी थी, घर छोड़ने के लिए। दिमाग कुछ काम नहीं कर रहा था यदि वास्तव में इसके दिल में कुछ होता,

तो अभी तक तो मुझे कभी का बर्बाद कर सकता था। वह मन में सोचने लगी हम कई बार अकेले में मिले मेरे हाथ अपने हाथ में लेने के सिवा इसने कभी कोई बदतमीजी नहीं की है। रास्ते में हर स्टेशन पर पूछता कुछ खाओगी, चाय पियोगी, पानी लाऊं, शान्ति सोच रही थी कि पूछूं हम कहां जा रहे हैं?

इतने में वह बोला– शांति, हाल फिलहाल तो हम दिल्ली चलते हैं, तुम्हारे लिए कुछ कपड़े वगैरह भी लेना जरूरी है। मैं भी ऐसे ही उठ कर चला आया, मेरे पास भी कुछ नहीं है। बस एक ही धुन थी कि ऐसे परिवार, ऐसे शहर से दूर चले जाएं, जहां आत्म सम्मान जैसी कोई चीज नहीं होती। बड़े हो जाओ फिर भी घर वालों की मर्जी पर रहो। जैसा वो चाहते हैं वैसे रहो, वैसा खाओ, वैसा पियो, वैसे ही रहो, यह भी कोई जिन्दगी है, गुलामों जैसी?

आखिर! हमारी आजादी भी तो कोई मायने रखती है। देखो तुमने अपना ही नहीं, तुम्हारे प्यार के खातिर मैं भी अपना घर छोड़ कर आया हूं। अब अपने शहर से दूर एक नई दुनिया बसायेंगे, उसके लिए मुझे चाहे मजदूरी क्यों ना करना पड़े। मैं रत्ती भर भी कष्ट नहीं होने दूंगा तुम्हें, ऐसा रखूंगा जैसे रानी, हॉ दिल की रानी बनाकर रखूंगा।

संतोष की यह बातें सुनकर शान्ति अपने घर को बिल्कुल भूलने लगी और एक नई दुनियां के सपनों में खो गयी। जहां हम दोनों अकेले होंगे कोई पूछने वाला नहीं, कोई रोकने टोकने वाला नहीं, यही सब सोचते-सोचते पता ही नहीं चला दिल्ली कब आ गयी।

संतोष बोला– दिल्ली में मेरा एक दोस्त रहता है, यदि तुम चाहो तो कुछ समय उसके घर पर रुकते हैं। थोड़ा आराम करके फिर शॉपिंग करेंगे, कल आगे की राह पकड़ेंगे। अगर तुम्हें अच्छा लगा तो दिल्ली को ही ठिकाना बना लेंगे, लेकिन वापस नहीं जाएंगे। तुम अब भी सोच लो, फिर भी वापस जाना हो तो चल सकते हैं, एक ही रात तो गुजरी है वह भी ट्रेन में कोई कमरे में नहीं?

अब तो शान्ति सोचने लगी यदि कमरे में भी रहे तो क्या गम है, हमने प्यार किया है कोई अपराध नहीं किया। अब तो मैं तुम्हारे साथ जिंदगी भर रहने को तैयार हूं, शादी के बाद भी तो लड़की किसी के साथ घर छोड़कर जाती है। बस हमने बिना शादी किए अपनी राह पकड़ ली। वह दोनों सीधे संतोष के दोस्त के घर आ गए, शान्ति चुपचाप सिर झुकाए पीछे चल रही थी।

संतोष ने अपने दोस्त को क्या इशारा किया पता ही नहीं चला। कमरा क्या था, एक छोटी सी कोठरी थी किंतु दिल्ली में सिर छुपाने की जगह मिल

गयी यह क्या कम थी।

दोस्त बोला- यार, पहले बताया होता तो मैं कमरे की सफाई करवा कर रखता, अचानक तुम भाभी जान को लेकर आ गए। वैसे तो मुझे खुशी हुई किंतु फिर भी बताना तो चाहिए था। खैर आप लोग बैठो, मैं बाहर जाकर तुम्हारे खाने पीने की व्यवस्था करता हूं।

संतोष निश्चिंत होकर बैठ गया वहां मात्र एक चारपाई थी और एक कुर्सी, शान्ति चुपचाप संतोष के पास कुर्सी पर बैठ गयी।

कुछ देर बाद उसने पूछा- बाथरूम कहां है?

संतोष ने इशारे से बताया। शायद बाहर कामन बाथरूम था। बाथरूम कहां है, मैं देखता हूं, बाहर वही लड़का खड़ा था जिसका कमरा था। वह बोला- रिक्शे का रास्ता देख रहा हूं अभी गया और अभी आया।

संतोष ने जान बूझकर जोर से पूछा- यार, बाथरूम तो बता दे, तेरी भाभी को जाना है।

वह सामने इशारा करके बोला- वो तीन चार बाथरूम बने हैं, जो बिना ताला वाला है उसमें जाना है। उसे बता कर चल दिया।

संतोष अंदर जाकर शान्ति को बुला लाया और बोला- वह सामने देखो, जिसमें ताला नहीं है वहीं चली जाओ।

जब शान्ति बाथरूम की ओर जा रही थी तो उसने देखा कि कुछ लोग उसे अचरज से देख रहे हैं। खैर, उसने किसी को देखा नहीं बस बाथरूम गयी और नागस आ गयी। उसको कमरा बहुत गंदा लगा लेकिन क्या करें, जरा आराम ही तो करना है।

उसका दोस्त आधे घंटे बाद कुछ खाने का सामान और पानी की बोतल लेकर आ गया और बोला -यह तुम दोनों के लिए है। मेरा तो अभी टिफिन आने वाला है। शाम से उसको बोलेंगे दो और ले आएगा।

फिर वह संतोष से बोला- अरे यार, बता सिर्फ दिल्ली घूमने आए हो या कुछ और सोचा है?

संतोष बोला- सब कुछ इनके ऊपर है, जैसा शान्ति चाहेगी वैसा ही होगा। यदि चाहेगी तो यहीं ठिकाना बना लेंगे, कल से किराए का मकान देख लेंगे, तुझे ज्यादा परेशान नहीं करेंगे। मैं समझ सकता हूं एक ही कमरा है, परेशानी तो होगी ही? बस आज रात की बात है यदि शान्ति का मन नहीं

लगा तो वापस चले जाएंगे।

दोस्त बोला- जब तक तुम चाहो रहो, बजाय कहीं और जाने के। मैं तो पड़ोस में एक दोस्त रहता है, उसके पास चला जाऊंगा। वह भी अकेला ही है।

संतोष बोला- अरे नहीं यार, तुम चाहो तो साथ में ही रह लो, हमें कोई परेशानी नहीं है। शान्ति चारपाई पर आराम कर लेगी हम लोग नीचे फर्श पर सो जाएंगे। अच्छा हुआ तू घर पर मिल गया मुझे ऐसी उम्मीद नहीं थी। तेरा काम धंधा कैसा चल रहा है?

दोस्त बोला- पूछो मत यार, जिस दुकान पर काम करता था वह भी बंद हो गयी, आजकल सब धंधे मंदे ही हैं। तलाश कर रहा हूं किसी दूसरे काम की, अब तू आ गया है तो जरूर कुछ काम मिल जाएगा।

संतोष बोला - वह कैसे?

वह हंसकर बोला- तेरे साथ तेरा नसीब भी तो है, भाभी नसीब वाली हैं, यह तो साक्षात लक्ष्मी हैं। जरूर हमारा कुछ अच्छा ही होगा, अब इनके पांव मेरे कमरे में जो पड़ गए हैं। तेरे साथ मेरा भी उद्धार हो जाएगा। अरे! मैं तो तुझे देखकर इतना खुश हुआ कि भूल गया तुम्हारा सामान कहां है?

संतोष बोला- यह हैं तो सामान भी आ जाएगा, अभी तो हम लोग उठकर बस यूं ही चले आए।

दोस्त बोला- तुम चाहो तो मेरे कपड़े काम में ले सकते हो, बस भाभी के लिए देखना पड़ेगा। मैं तो अकेला ही हूं तेरे जैसे नसीब कहां, अभी तक कोई मिली ही नहीं। हां भाभी, आप ही कोई देखिएगा, लेकिन हो बिल्कुल आप जैसी। उसने पहली बार शांति की ओर मुखातिब होकर कहा

वह शान्ति से बोला- भाभी, आप यहां आराम से रहिये, संकोच बिल्कुल मत करना बड़ा शहर है, यहां बड़ी परेशानियां हैं, फिर भी सब दिल्ली आना चाहते हैं। यहां से जाता कोई नहीं है। मैं भी चार साल पहले यहां बिहार औरंगाबाद से आया था। अब तो यहीं का होकर रह गया। वहां अपना घर है, खेती बारी है, मेरा पूरा परिवार है। बस रोज की चिकचिक थी, कुछ कमाते क्यों नहीं, कुछ अच्छा काम क्यों नहीं करते? सुनते-सुनते कान पक गए। जवान क्या हुए मानो मुसीबत बुला ली।

जैसे ही बी. ए. पास किया घरवाले समझने लगे लड़का बड़ा हो गया है, तो सरकार इसको कलेक्टर बना देगी, अच्छा पैसा देगी। लेकिन वह भूल

गए कि आजकल प्रतिस्पर्धा का जमाना है, छोटी से छोटी नौकरी चपरासी के लिए भी घूस देना पड़ती है। किसी नेता की खिदमत करो उसका जरिया होगा, सिफारिश होगी, तो कोई नौकरी मिलेगी। वरना लगे रहो, पढ़े-लिखे बेरोजगारों की कतार में।

वह अपने मन की भड़ास निकालते हुए बोले जा रहा था। यदि अनपढ़ होते तो कहीं भी मजदूरी कर सकते थे लेकिन यह पढ़ाई लिखाई दुश्मन की तरह रास्ता रोके खड़ी हो जाती है। कमबख्त जब भी कुछ सोचता, तो यह कहती है क्या इसीलिए बी. ए. पास किया है, मजदूरी करोगे? खैर छोड़ो इसके भी तो यही हाल हैं। किंतु इसके जैसे सबके नसीब कहां, इसको तो बिना नौकरी के छोकरी मिल गयी और हो सकता है, नौकरी भी किस्मत से मिल जाए। भाई, है तो तू नसीब वाला। अब तुम लोग आराम करो कल देखेंगे।

वह बोलता ही जा रहा था तो संतोष बोला– संतोष आ गया है तो सब ठीक हो जाएगा। यह इशारा था कि मुझे यह संतोष के नाम से जानती है। वैसे भी संतोष और शांति हो जहां तो स्वर्ग बन जाता है। हम लोग यहां पर एक नया स्वर्ग बनाएंगे।

शान्ति के घरवाले एक दूसरे को दोष दे रहे थे। तुम लोग यदि बात का बतंगड़ ना बनाते, तो वह ऐसा कदम नहीं उठाती? पहले सोचा यहीं कहीं आसपास होगी। अक्सर करके लाड़ली होने से वह कई बार अपने चाचा-चाची के पास ही रह जाती थी। क्योंकि चाचा चाची के यहां कोई औलाद नहीं थी, तो वह दोनों शान्ति को बहुत चाहते थे।

किंतु २ घंटे के बाद जैसे ही पता लगा कि वह चाचा-चाची के घर पर नहीं हैं, तो ढूंढना शुरू कर दिया। तीनों भाई तीन दिशाओं में, चौथी दिशा में पिताजी दौड़े। किसी अनहोनी की आशंका में पिताजी का दिल बैठा जा रहा था। वह भी नहीं जानते थे कि वह लड़का कौन था। बस बाजार में उसके साथ छोटे भाई ने देखा और घरवालों को बताया, तो एक साथ सब भड़क उठे बिना सोचे समझे।

दूसरे दिन शान्ति ने आकर संतोष को सारी बात बताई तो उसने कह दिया कुछ ही समय में हम लोग यह घर और यह शहर छोड़ देंगे। बस तुम ठीक एक घंटे बाद वहीं पर आ जाना, जहां पर हम अक्सर मिलते हैं। मैं तुम्हारा रास्ता देखूंगा किसी को कोई शक नहीं होगा, कुछ सामान मत लेना मोबाइल भी नहीं, यदि हो सके तो कुछ नगद ही ले लेना नहीं तो इनसे एक

टके की भी आवश्यकता नहीं।

ठीक समय पर जैसे ही शान्ति वहां पर पहुंची, संतोष उसको लेकर रिक्शे से रवाना हो गया। उसके बाद बस, ट्रेन मैं बैठ गए किसी को इस बात की भनक भी नहीं लगी। घर में कोहराम मच गया जब पता चला कि शान्ति ना घर में है, ना चाचा के घर। लेकिन तब तक बहुत देर हो चुकी थी।

जहां-जहां संभावना थी शान्ति को ढूंढा अंत में थाने का रुख किया। किंतु किसी ने भी उस तथा कथित संतोष को देखा नहीं था। ना ही वह जान पहचान वाला था। किसी को भी यह बात पता नहीं लगी कि शान्ति इस लड़के को कैसे जानने लगी थी। शायद सोशल मीडिया पर बात हुई होगी? रिपोर्ट भी लिखायें तो किसके साथ गयी, कुछ भी नहीं बता पाये। सिर्फ शान्ति का फोटो तथा उसके भाई ने जिस लड़के को देखा था, उसका हुलिया बता दिया।

आज शान्ति को गए पूरा सप्ताह हो गया किंतु कुछ भी पता नहीं लगा। हां, फोन पर उस लड़के का कॉल ट्रेस करने पर पता लगा कि यह सिर्फ कुछ दिनों की बात नहीं है, यह लोग महीनों से बातें कर रहे थे और मिल भी रहे थे। शायद शान्ति के कालेज में दाखिला लेने पर ही यह सिलसिला शुरू हो गया था। कॉलेज से पता किया लेकिन कुछ पता नहीं लगा। उसकी सहेलियों से पूछा, तो कोई भी ठीक से कुछ बता नहीं पायी। बस इतना पता लगा कि यह लोग कालेज के गेट पर मिलते और बस स्टैंड तक पैदल जाते थे। शान्ति को बस में बैठाने के बाद लड़का पैदल ही चला जाता था।

कालेज से यह जरूर पता लगा कि शान्ति हफ्ते में एक बार किसी न किसी दिन कॉलेज नहीं आती थी। वरना वह पांच दिन रेगुलर आती थी और अपनी पढ़ाई भी ठीक ही कर रही थी। उसके कालेज ना आने का दिन कोई निश्चित नहीं था। कभी यदि सोमवार को नहीं आती, तो दूसरे हफ्ते बुधवार को। इस प्रकार वह हफ्ते में किसी एक दिन नहीं आती थी। इस बात पर कभी किसी ने कोई ध्यान नहीं दिया था।

ऐसा लगता है कि लड़का बहुत शातिर दिमाग वाला होगा, जिसकी फितरत बहुत ही गहरी चाल वाली होगी। उस लड़के के बारे में पूरे हफ्ता कोई भी ठीक से बता नहीं पाया। कहां ढूंढे कुछ पता नहीं?

अब तो शान्ति की मां का रो-रो कर बुरा हाल होने लगा। पिताजी शर्म के मारे बाहर जाने से कतराने लगे थे। भाई लोग भी किसी से नजरें नहीं मिलाते थे। यदि कोई पूछता, तो हां या ना में उत्तर देते। परिवार के ऊपर तो

 तंग गलियों के बंद दरवाजे

जैसे आपदा का पहाड़ टूट पड़ा हो। बेचारे चाचा जी ही भागदौड़ कर रहे थे क्योंकि वह उनकी भी चहेती थी।

हफ्ता भर शान्ति और कथित संतोष साथ रहे किंतु उसने एक बार भी कभी शान्ति के साथ संबंध बनाने की कोशिश नहीं की और ना ही उस अनजान लड़के ने उससे कुछ कहा। बाद में पता लगा उस लड़के का नाम असलम है, वह दिन भर घर नहीं आता शाम को आता, तो कुछ खाने पीने का सामान ले आता। उसने भी भाभी जान के अलावा कभी कुछ नहीं कहा।

हां कभी-कभार साथ में नीचे फर्श पर दोनों दोस्त सो जरूर जाते। वरना वह बोलता कि किसी दुकान पर काम करने लगा हूं वही सो जाता हूं।

दिन में तीन-चार घंटे संतोष भी कहीं चला जाता था, कहता था काम की तलाश में जाता हूं, कब तक दोस्त के सहारे रहूंगा? इसी बीच उन्होंने अपने कपड़ों की व्यवस्था कर ली थी। कुछ पैसे तो शान्ति के पास थे ही हफ्ता भर सब कुछ शांत रहा।

ठीक एक हफ्ते के बाद संतोष बोला- शान्ति मुझे कानपुर में एक नौकरी मिल गयी है, तुम चाहो तो चलो वरना मैं कानपुर होकर आता हूं। अब यह तो वहां जाकर ही पता चलेगा की नौकरी कैसी है? अभी भी तुम चाहो तो हम लोग घर वापस चल सकते हैं। बस हमारा विश्वास ही हमारे प्यार का आधार है, तो इसे हमेशा बनाए रखना। हम लोग जैसे ही व्यवस्था होगी अपनी गृहस्थी बसा लेंगे और हमेशा के लिए एक हो जाएंगे। ना तो पहले मेरी ख्वाहिश थी, तुम्हारी मर्जी के बगैर कुछ करने की, ना ही आगे रहेगी। जब तक शादी नहीं होती हम ऐसा वैसा कोई काम नहीं करेंगे कि हमारी आत्मा को कष्ट हो। वह जानता था कि शान्ति अब ना तो घर जा सकती है और ना ही वहां पर रहेगी। उसका मन रखने के लिए फिर भी वह बोला जो तुम चाहोगी वही होगा।

शांति ने कहा- मैं तुम्हारे बिना यहां नहीं रूकुंगी, मैं साथ में चलूंगी।

दूसरे दिन जैसे आये थे वैसे ही वह लोग असलम से बिदा लेकर कानपुर की ट्रेन पकड़ कर चले दिए। हां यह जरूर था कि आज उनके पास दो छोटे-छोटे बैग जरूर थे।

वह लोग रात को करीब आठ बजे कानपुर पहुंचे। अब शान्ति उतनी अशांत नहीं थी जितनी एक सप्ताह पहले थी क्योंकि उसको एक नई उम्मीद जागने लगी थी। वह तो संतोष के लिए इतनी पागल हो गयी थी कि एक मिनट

के लिए भी संतोष को छोड़ना नहीं चाहती थी। बस यही सपना देख रही थी कि हम लोग जल्द ही एक हो जाएंगे, अब तो संतोष को नौकरी भी मिल गई है। बस एक परेशानी है कानपुर भी दिल्ली की तरह बेगाना शहर है, लेकिन यदि साथ संतोष है तो हर बेगानी चीज अपनी लगने लगती है।

शान्ति के परिवार और खुद शांति को ऐसा अंदेशा नहीं था कि अब वह ऐसी दुनियां में पहुंच चुकी है, जहां से कोई भी लड़की घर तो क्या, समाज में भी वापस नहीं आ सकती। वह भी कानपुर की वह बदनाम गलियां, जहां पर जाकर शरीफ लड़कियों के लिए दरवाजे हमेशा के लिए बंद हो जाते हैं, अगर खुलते हैं तो बस ग्राहकों के लिए।

माता पिता को ऐसी आशा थी कि हफ्ते १० दिनों में वह वापस आ जाये, तो लड़का कोई भी, कैसा भी हो उसे अपना लेंगे।

मां-बाप बच्चों से यही कहते- जो बेज्जती हो चुकी उसको मत देखो, बस तुम्हारी बहन सही सलामत घर आ जाए यही ईश्वर से प्रार्थना करो। घर की चहेती तो थी ही, उसकी चहल पहल से पूरा घर गूंजता था किंतु अब एक उसके ना होने से ऐसे लगने लगा था कि यह घर वीराना जंगल हो गया। बस रह जरूर रहे थे किंतु जब भी किसी से बात करना होती, तो शान्ति की याद आते ही सबके चेहरे लटक जाते थे। बस शांति की बड़ी भाभी ही थी, जो जरूर थोड़ा बहुत सब को समझा-बुझाकर कुछ ना कुछ खिलाती रहती थीं। दोनों बड़े भाई तो नौकरी करते थे वह अपनी नौकरी पर जाने लगे, छोटा भाई भी स्कूल जाने लगा किंतु घर में मां-बाप, बहू किसी तरह समय काटने लगे थे।

शान्ति और संतोष ने जैसे ही तंग गलियों का रुख किया, तो जाने क्यों शान्ति का दिल घबराने लगा कि कुछ अनहोनी होने वाली है किंतु जैसे ही संतोष ने उसके कंधे पर हाथ रखा एकदम आश्वस्त हो गयी ।

उन तंग गलियों में शराब की बू आ रही थी। कोई सिगरेट का कश खींच रहा था, तो कोई लड़की ग्राहकों को इशारा कर रही थी, कोई जैसे ही ग्राहक आता तो अंदर चली जाती।

यह सब देख कर शान्ति ने संतोष से कहा- क्या हम लोग यही रहेंगे? हमें कहीं और कोई साफ सुथरी जगह नहीं मिलेगी? यह तो दिल्ली वाले कमरे से भी बुरा है।

पर संतोष कुछ ना बोला जैसे-जैसे वह आगे बढ़ रहे थे वैसे-वैसे शान्ति

एक अनजाने भय से घबराने लगी। अब तो एक प्रकार से ऐसा लगने लगा कि वह प्यार में रंगीन दुनिया के सपने देख रही थी, पर यह तो लगता है कि कोई अंधेरी सुरंग है।

उसने फिर पूछा- आपको यही आना था क्या?

संतोष बोला- पता तो यहीं का है किसी से पूछता हूं।

तभी सामने से आवाज आयी आ गए शौकत मियां, लगता है हीरा उठाकर लाए हो?

वह बोला कुछ नहीं बस शान्ति का हाथ पकड़ कर उसी घर में चला गया, जहां से वह अधेड़ औरत बोल रही थी। इससे पहले कि शान्ति कुछ सोचती समझती जैसे ही वे अंदर गए धड़ाम की आवाज से दरवाजा बंद हो गया।

अब शान्ति को कुछ-कुछ माजरा समझ में आने लगा, यह संतोष नहीं, शौकत है, जो अपने जाल में मछली फंसाता है।

उस औरत ने शांति की ओर देख कर कहा- हीरा तो तराशा लगता है और अनमोल भी, तराशते वक्त अंदर कोई दरार तो नहीं पड़ी मियां?

अब शौकत बोला- नहीं बाजी, सालों से संभाला है और साथ में अपने को भी संभाला है। यदि कुछ कर लेता तो मुझे इसकी कीमत नहीं मिलती।

वह औरत बोली- हां मियां सो तो है।

शौकत बोला- जौहरी तो तुम हो ही, मोल भी तुम ही देख लो, मैं तुम्हें क्या बोलूं?

अब शान्ति का सिर चकरा रहा था। सामने तो उजाला था बत्तियां जल रही थी, फिर भी आंखों के आगे अंधेरा छा गया। वह अधेड़ औरत पास आकर, शान्ति को एक बार अपनी बाहों में भर कर बोली- वाह क्या हीरा है।

फिर पलट कर बोली- जैसा कि तुम हर बार करते हो, ऐसा ही तुमने आज भी किया है। अपना वचन निभाया है।

शौकत बोला- बाजी आपका कहना कैसे टाल सकता हूं।

वह शौकत से बोली- हां ठीक है, अब उस शहर में कम से कम साल दो साल तक कदम भी मत रखना। यदि तुम पकड़ में आये तो हमारे पूरे कुनबे तक पुलिस पहुंच जाएगी। मैंने बहुत मेहनत से यह कुनबा बनाया है और उसकी तुम खास कड़ी हो। अब तक तो तुमने दस –बारह हीरे लाकर दिए हैं। दो चार और ले आओ तो जिसको तुम कहोगे एक हीरा तुम्हारे हवाले कर

दूंगी। अभी तो तुम जाकर आराम करो मुझे जरा पास से देखना है यह हीरा कितना कीमती है?

वह शान्ति की तरफ देखकर बोली- बन्नो, यह बताओ इस शौकत के बच्चे ने कुछ किया तो नहीं? यदि कुछ कर चुका है, तो इसको एक धेला भी नहीं दूंगी और किसी कोठरी में इसको किसी बाऊंसर के हवाले कर दूंगी।

अनायास ही शान्ति के मुंह से निकल गया मैं तो इनके प्यार में पागल थी, मुझे नहीं मालूम संतोष मुझे लाकर बेच देगा।

वह औरत बोली- बेचा नहीं है, बस एक बार आमदनी शुरू हो जाए तो इसको, इसका कमीशन मिलता रहेगा। उसको तो दलाली से मतलब है दूसरे लोग ग्राहकों की दलाली करतें है, यह लड़कियों की दलाली करता है। अभी भी करीब दस लड़कियों का कमीशन देती हूं। मैं किसी को खरीदती नहीं हूं, बस समाज सेवा करती हूं। मैं ना तो किसी लड़के को जबरदस्ती करने की आजादी देती हूं और ना ही किसी को भी अपनी लड़कियों से ज्यादातियां करने के पक्ष में हूं। तुम दो-चार रोज रहो तो सही, इतना खुश रखूंगी कि ससुराल में तुम्हारी सास और पति क्या रखेगा? बस जितनी राजी खुशी से आने वाले की सेवा करोगी, उतना ही अच्छा रहेगा। तुम्हें किसी प्रकार की शारीरिक पीड़ा नहीं होगी।

वरना मेरे लड़कों के अलावा मैंने कुछ बाउंसर भी पाले हैं। लड़के तो फंसाते हैं किंतु यह बाउंसर तो जो ना करें सो कम है। उनकी मर्जी अब बाउंसर तो बाउंसर ठहरे, उनकी नाक में नकेल तो है नहीं कि काबू में रहेंगे। खुले सांड तो तुमने देखे ही होंगे, बस यह पले हुए गुंडे वैसे ही हैं।

अब हकीकत भी सुन लो, अब से तुम मेरी नई नवेली हीरोइन हो, कल तुम्हारी फिल्म का पहला मुहूर्त है और मुहूर्त में ऐसा वैसा काम मत करना कि अपशकुन हो जाए और फिल्म फ्लॉप होकर डब्बे में बंद हो जाये और जिंदगी भर के लिए रोना पड़े। बस तुमको तो फिल्मों की तरह अलग-अलग हीरो के साथ काम करना है। बस हमारी फिल्में भी तीन घंटे की होती है, जितना अच्छा रोल निभाओगी, उतनी ज्यादा खुशी और पैसा। वरना जितना चिंता में डूबोगी उतना ही कष्ट विलेन यानि कि बाउंसर का सहना पड़ेगा। अब इतनी छोटी भी नहीं हो जो जरा सी बात ना समझो।

शांति के तो होशो हवाश ही उड़ गये थे वह ऐसा कुछ सोच भी नहीं सकती थी। उसने तो संतोष पर अपने से ज्यादा भरोसा किया था। उसे प्यार

पर विश्वास करने की और अपना घर छोड़ने की इतनी बड़ी कीमत चुकाना पड़ेगी, वह सोच भी नहीं सकती थी। उसकी आंखों पर तो संतोष के प्यार की पट्टी बंधी थी इसीलिए वह उसके दिखाये सपनो के अलावा कुछ देख ही ना सकी। उसकी समझ में कुछ आ रहा था, कुछ नही भी, पर वह समझ रही थी कि संतोष पर भरोसा करके उसने बहुत बड़ी गल्ती की है। अब वह गलत लोगों के चंगुल में फंस गयी है।

उसे चुप देख कर वह औरत फिर बोली– क्या सोच रही हो? अब प्यार को भूल जाओ, प्यार यहां पर सब का दुश्मन है। प्यार करना नहीं है, बस फिल्मी हीरोइन का रोल करना है। नकली हंसी, नकली हीरो बस सामने वाले की वासना ठंडी करना है। तुम क्या सोचती हो शौकत तुमसे प्यार करता है? उसकी दो बीवियां तो दिल्ली में है और एक यहीं पर है। वह तो चला जाएगा अपनी बीवी के पास, तुम अपने प्यार को रोते रहना, लेकिन अब रोना हंसना दोनों ही तुम्हारे हाथ है।

तभी उसने देखा कि शौकत बाहर चला गया और उसने शान्ति को देखा तक नहीं। वह औरत भी उसके पीछे-पीछे चली गयी और जैसे ही शौकत कमरे से बाहर निकला, उस अधेड़ औरत ने उसके सिर पर हाथ फेर कर नोटों की गड्डी थमा दी।

शौकत तो चला गया पर शान्ति के सब अरमान, सब सपने पैरों से कुचल कर गया, शान्ति सिर्फ उसके पैरों की आहट सुनती रही, ऐसा लगा उसने उसकी जिंदगी को कुचल दिया है। उसे ऐसा लग रहा था मानों उसके शरीर में जान ही नहीं है। उसे अभी भी विश्वास नहीं हो रहा था कि संतोष ने उसे ध़ोखा दिया है। भय, दहशत और अनजानी आशंका के कारण उसकी आंखों से आंसू भी नहीं निकल रहे थे मानो उसका शरीर जड़ हो गया था।

शौकत जैसे ही अपने घर पहुंचा वहां उसकी बीवी रास्ता देख रही थी, शायद शौकत ने उसे घर आने की इत्तला कर दी होगी।

वह देखते ही बोली– मछली का स्वाद कैसा था?

शौकत बोला– यह मछली खाने वाली नहीं थी, नुमाइश वाली थी। बाजी अब तक तो उसको सजा संवार कर नुमाइश के लिए तैयार कर चुकी होगी। उन तंग गलियों में सबेरा तो रात के दस बजे बाद होता है। सबेरे तो सब दरवाजे बंद रहते हैं क्योंकि मछलियों को आराम करना होता है। शौकत ने नोटों की गड्डी अपनी बीवी के हाथ पर रख दी और बोला –पूरे बीस हैं। बच्चे

सो गए क्या?

यहां पर उसके दो बच्चे थे, एक बेटा और एक बेटी। वह बोला- अब तो कुछ दिनों तक आराम करना है, ना कहीं जाना और ना आना, बस तुम और मैं। उसकी बीबी हाजरा खुश हो गयी यह सुनकर चलो कुछ दिन तो साथ रहेंगे। वह शौकत के बारे में सब जानती थी किंतु प्रतिकार नहीं करती क्योंकि जैसे ही वह कुछ बोलेगी तो वह तुरंत तलाक दे देगा। वह कई बार कोशिश भी कर चुकी है, यह उसकी पहली बीवी है। हाजरा सब जानते हुए भी चुप रह जाती है क्योंकि सामने दो-दो बच्चों का भविष्य का सवाल था। उसको इनकी भी फिक्र थी।

शौकत भी खुश था कि वह बाजी को कहे अनुसार ही शान्ति को लेकर आया था और बाजी की खुशी के कारण वह ज्यादा खुश था कि उस को शान्ति पसंद आ गयी। इस तरह वह ११ शहरों से लड़कियां ला चुका था। यह लड़की बारहवीं लड़की थी।

हर शहर में उसका एक ही नुस्खा होता था वह उनको अपने प्यार के जाल में फंसा था और फिर कानपुर की तंग गलियों में ले आता था। असल में शौकत सुंदर होने के साथ-साथ बातें इतनी खूबसूरती से करता था कि लड़कियां देखते ही उस पर फिदा हो जाती थीं। वह कभी किसी के साथ आगे होकर संबंध बनाने की कोशिश नहीं करता था। यदि ऐसा हो भी जाता तो उसके लिए ऐशो आराम के लिए एक घर और बन जाता। वह मौज मस्ती के साथ पैसे ऐंठने का काम करता था। इसी तरह दिल्ली में दो-दो रख रखी थी। निकाह तो उसका केवल हाजरा के साथ हुआ था, वरना हर जगह यह मौज मस्ती का सामान था। इसके काम में यही लड़कियां आगे जाकर दूसरी लड़कियों को फंसाने ने मददगार भी होती थीं।

वह पहले लड़कियों से दोस्ती करतीं फिर शौकत से मिलवाती थीं। शौकत इतना शातिर था कि यदि एक बार कोई लड़की इससे मिल ले, तो बस इसको चाहने लग जाती थी, या यूं कहें कि इस पर लट्टू हो जाती थी। उसके बाद तो इसके मोहपाश में फंस कर कानपुर या दिल्ली की तंग गलियों की शोभा बढ़ाती थी।

शान्ति ने हकीकत जानी तो उसके पास पछताने के अलावा कुछ नहीं था। काश ! इस बहूरुपिये की बातों में नहीं आती, मेरे भाइयों ने, पापा ने मेरे अच्छे के लिए ही दो चार चांटे मारे थे, वरना मैं तो सबकी चहेती थी। चाचा-चाची

तो बहुत ही दुखी हुए होंगे उनकी सगी से ज्यादा थी। पता नहीं मेरी मां का का रो-रो कर क्या हाल होगा?

शांति सोच रही थी कि यहां इस नरक से बचने का कुछ तो उपाय सोचना होगा, मैं ऐसे हार नहीं मान सकती। मैं मरना पसंद करूंगी परन्तु इस धंधे में नहीं फंसूंगी। अगले ही पल सोचा, अब करूं क्या, इस बाजी के सामने सब बाजियां हार चुके हैं। बाहर जाने का रास्ता तो इस हवेली में एक ही है, जहां पर इतना सख्त पहरा है कि चिड़िया भी पर नहीं मार सकती। बात मान लो तो बर्बाद हो जाऊंगी और नहीं मानती हूं तो इसके बांउसर हैं। जो बर्बाद तो करेंगे ही साथ ही कैसा बर्ताव करें कुछ पता नहीं? इसने तो उनको पाला ही इसीलिए है। जैसे रिंग मास्टर सर्कस में शेर को सिखाता है। अब तुम चाहे जितनी शेरनी हो जाओ, इनके खूंखारपन से बच नहीं सकती।

लोग आ रहे थे जा रहे थे, बाहर से छोटा सा दिखने वाला अंदर से एकदम महल बना हुआ था। कई कमरे और काफी नौकर चाकर थे हर चीज की व्यवस्था इस मकान में थी। एशो आराम की हर चीज मौजूद थी। बस नहीं थी तो बंद दरवाजे से बाहर जाने की इजाजत। एक बार जो लड़की आयी उसकी तो अर्थी ही जाती होगी? जैसे-जैसे लोग आ जा रहे थे, वैसे ही उसके विचारों की रफ्तार भी बढ़ती जा रही थी।

तभी एक नौकरानी आयी और हाथ पकड़ कर एक कमरे में ले गयी और बोली- यह कमरा तुम्हारा है। उस कमरे को इस प्रकार से तैयार करके रखा गया था कि जैसे सुहागकक्ष हो। अब बस जो भी आएगा दूल्हा वही होगा, किंतु सुहागरात तो मनेंगी ही। वह सहमी हुई सी यह सब देख रही थी और सोच रही थी कि आगे उसके जीवन में क्या होने वाला है? इन सभी परिस्थितियों से वह कैसे पार पायेगी?

करीब रात ११ बजे बाजी आयीं और शान्ति के सिर पर हाथ रख कर बोली- मैं बहुत खुश हूं कि तुम होश में हो, वरना यहां तो जो भी आती है, पहले से बेहोश हो जाती है। बहुत जल्दी तुमने हालात को समझ लिया। देख लो यह कमरा विशेष है विशेष ग्राहकों के लिए है। इसके लिए बड़े-बड़े लोग नेता अधिकारी की पहले से एडवांस में बुकिंग होती है, तुम तो नसीब वाली हो कि तुम होश हवाश में रहोगी और सोचती हूं कि सामने वाले की हवस के साथ उसके दिल को भी ठंडक दोगी। यदि तुमने अपने ग्राहक का दिल जीत लिया तो समझो तुमसे ज्यादा समझदार और साहसी कोई नहीं होगा। समझो,

एक बार में ही काम और अर्थ को तुम जाओगी।

साहस का नाम सुनते ही कई विचार आने लगे शान्ति के दिमाग में, या तो इस बाजी का या फिर उस बहुरूपीया शौकत का खून कर दूं।

इतने में एक लड़की अंदर आयी जो शायद उसी की हम उम्र रही होगी। उसको बिठाकर बाजी चली गयीं।

लड़की ने समझाते हुये कहा- देखो बहन, यह पिंजरा बहुत ही मजबूत है। इस बाजी की पहुंच भी बहुत ऊंची है, शहर के कई बड़े-बड़े लोगों को अपने इशारे पर चलाती है। मतलब इसने ऐसा जाल बुन रखा है कि एक बार उसके इस जाल में फंसी तो बस, या तो मौन या मौत! तुम सोचो बिना मौत के मरना चाहती हो या फिर मौन रहकर जीना चाहती हो?

चाहो तो सोचने के लिए एक-दो दिन का समय ले लो। वैसे तो ये बाजी बहुत ही समझदार हैं। हर एक पर प्यार और मोहब्बत बिखेरती हैं, यहां पर सभी खुश रहते हैं। मुझे अभी ६ महीने हुए हैं तुम से पहले मैं ही आई थी। इस घर में करीब करीब ५० लड़कियां औरतें हैं।

जैसे-जैसे जिस्म से वो बूढ़ी होने लगती हैं, उनको नुमाइश से बाहर करके नई लड़कियों को सिखाने के लिए उनको लगा देती हैं। मुझे तो आज ही देखा है आज के बाद शायद देखोगी नहीं, इसलिए ना तो तुमको दोस्त कह सकती हूं और ना ही कोई रिश्ता जोड़ सकती हूं। वह तो मेरा ग्राहक आज आया नहीं तो मैं इधर आ गयी वरना कोई बड़ी दीदी या आंटी ही तुम को समझाने आती।

शान्ति का पूरा परिवार बुझा-बुझा सा रहने लगा, सबको बड़ी ख्वाहिश थी कि एक ही लड़की है उसको जब भी विदा करेंगे धूमधाम से करेंगे। लेकिन किसी को क्या मालूम था कि वह लौटकर नहीं आने वाली है। शान्ति क्या गयी, घर की शान्ति ही चली गयी। जिस घर में बहन भाई मिलकर धमाल मचाते थे, तो आसपास के लोग कहते थे ये घर है या चिड़िया घर हमेशा कोई ना कोई बोलता रहता है। सबसे ज्यादा तो चाचा चाची, पर अब तो उन्होंने भी आना कम कर दिया है।

अक्सर चाचा-चाची या तो शान्ति के घर होते या फिर शान्ति चाचा चाची के घर होती थी। उनके घर का फासला ज्यादा नहीं था। एक दिन चाचा ने अपने भाई भाभी से बोल ही दिया- यदि तुम लोगों को लड़की इतनी ही बोझ लग रही थी, तो उसको हमेशा के लिए हमारे पास भेज देते, हम ही उसकी शादी

ब्याह तक अपने घर में ही रखते।

यह सुनते ही शान्ति के माता-पिता बिलख बिलख कर रोने लगे और बोले-देख भाई, हमसे गलती जरूर हुई है किंतु शान्ति किसी पर बोझ नहीं थी, सब कुछ बोल पर ऐसे ताने मत मार कि हमारा दुख दुगना हो जाए। पहले चाचा-चाची आते तो सब एक साथ खाना खाते थे। किंतु अब तो पानी तक नहीं पीते, बस हाल-चाल पूछ कर चले जाते।

शान्ति का छोटा भाई अपने आप को सबसे ज्यादा दोषी मानने लगा था। उसका नाम था नकुल, सभी घरवाले उसको छोटू ही बुलाते थे । क्योंकि वह छोटे के साथ सबसे ज्यादा चुलबुला था, पर अब जब से शान्ति ने घर छोड़ा है, छोटू एकदम इतना धीर गंभीर हो गया कि अपने कमरे से बाहर तब ही निकलता है जब कोई काम होता है।

भाभी को भी यही बोलता है मेरा भोजन मेरे कमरे में ही भेज देना, कभी यह कमरा छोटू और शान्ति का होता था। दोनों में सिर्फ दो-तीन वर्षों का अंतर था। पढ़ाई के लिए उसे बोलना पड़ता था परंतु अब तो वह पढ़ाई के सिवा कुछ नहीं करता। जो भाई-बहन कभी टीवी के लिए लड़ते थे वही आज कोई भी टी. वी. देखना नहीं चाहता। शान्ति का परिवार गूंगी फिल्म बन कर रह गया था।

आज शौकत को बुलावा आया कि बाजी ने बुलाया है। बाजी अक्सर कोशिश यही करती कि अपने कुनबे के लोगों को फोन नहीं करती थी बल्कि किसी के हाथ बुलवा भेजती थी। जैसे ही आने वाले ने कहा- बाजी ने बुलाया है।

शौकत ने उस व्यक्ति को हां आता हूं कह कर भेज दिया और करीब आधा घंटा के बाद वह बाजी के दरबार में हाजिर हो गया।

बाजी ने कहा -तेरी फंसाई मछली तेरे से कुछ ज्यादा लगाव रखती है, कहती है एक बार संतोष से मिलवा दो बस, उसके बाद जो बोलोगे वैसा ही करूंगी, वरना मेरी लाश से ही करवाना जो भी करवाना हो। उसे अभी भी समझ नहीं आ रहा है तू उसका संतोष नहीं, उसके लिए असंतोषी शौकत है।

मैंने उसको दो-चार दिन क्या पूरा हफ्ता दे दिया था। आखिर मैं भी औरत हूं, मेरे सीने में भी दिल है, मैंने भी प्यार किया था। मैं जानती हूं प्यार क्या होता है? प्यार तो पागल होता ही है, करने वाला भी पूरा पागल हो जाता

है। एक बात बता, क्या तूने कभी उससे प्यार किया है?

शौकत बोला- मैं प्यार करता नहीं, प्यार लुटाता हूं इसीलिए तो लड़कियां इतनी जल्दी फंस जाती हैं। यदि तुम इजाजत दो तो मैं एक बार उससे मिलूंगा लेकिन मिलकर क्या बोलूंगा यह समझ नहीं आ रहा है।

जिस कमरे में लड़कियां रहती थी उस कमरे में सिर्फ एक खिड़की होती थी दरवाजा तो बंद रहता था। खुलता जब ही था जब कोई ग्राहक आता था। खिड़की भी क्या, बस उजाल दान के बराबर छोटी सी थी कि हवा आती जाती रहे।

हां, अंदर व्यवस्था सब थी किसी चीज की कमी नहीं थी। जाने क्यों बाजी ने अपने उसूलों को तोड़ते हुए शान्ति की यह शर्त मान ली कि उसे शौकत से मिलवायेगी।

शान्ति का यह कहना था कि वह चाहती है कि उसका पहला ग्राहक संतोष ही हो। शान्ति के अशांत मन में क्या है यह बाजी को नहीं मालूम था।

बाजी ने शौकत को बोला- एक रात के बीस हजार रूपया मुझे चाहिए, जो मैंने तुझे दिए हैं वह वापस ला और एक रात के लिए तू शान्ति के पास रह सकता है। चाहे रात में शादी कर या सुहागरात मना, रात भर के लिए शान्ति तेरी है। वैसे तो यह हीरा लाखों का है।

शौकत सोच रहा है कि उसके पास तो बीस रूपया भी नहीं थे। सारे पैसे वह अपनी बीवी हाजरा को दे चुका था। इसलिए उसने बाजी से साफ कह दिया कि मुझे अब उससे कोई लेना-देना नहीं है।

बाजी शान्ति के कमरे में जाकर बोली- ऐसा यार किस काम का जो बीस रूपया भी देने को तैयार नहीं है।

उसने शौकत को खिड़की के पास बुलवा लिया और बोला- ले देख ले अपने यार को, वह तेरे लिए बीस रूपया भी खर्च नहीं कर सकता।

जैसे ही शौकत खिड़की के पास आया और झांका, शान्ति ने उसके मुंह पर थूक दिया और बोली- थू, बस दोबारा जिंदगी के किसी मोड़ पर मत मिलना। तू मुझे यहां छोड़कर नहीं गया बस समझ ले मेरे प्यार की अर्थी ले गया, मुझ अभागिन की बद्दुआ है कि जिस तरह तूने मुझे धोखा देकर मेरा सब कुछ छीन लिया है, उसी तरह तेरा भी सुख चैन सहित सब कुछ छिन जायेगा। उपर वाला तुझे कभी माफ नहीं करेगा।

     तंग गलियों के बंद दरवाजे

शौकत वहां से बिना कुछ कहे थूक पोंछता हुआ भारी मन से बाहर आ गया।

अब बाजी उसके पास आयी और बोलीं- कल ही तू सूरत के लिए निकल जा, अब तेरा यहां रहना ठीक नहीं है।

शान्ति के मन में था कि एक बार वह बहुरूपिया आ जाए तो उसका खून कर दूंगी, यदि किसी का खून होगा तो पुलिस जरूर आएगी और हो सकता है कि यहां से जेल जाने को मिल जाए और जेल तो इस नारकीय जीवन से अच्छा ही होगा लेकिन ना वह उसके कमरे में आया और ना ही वह उसे मार सकी। उसके अशांत मन की चाहत वैसे ही रह गई।

बाजी वापस आकर बोली- देख लड़की, मैंने तेरी हर ख्वाहिश पूरी की है। शौकत से भी मिलवाया जो मेरे लिए असंभव था। अब आज से यह तेरा नया जीवन शुरू होगा, तो तेरा नाम भी नया होगा, बोल तेरा नाम क्या रखा जाए? हिंदू या मुसलमान? वैसे यहां कोई भी धर्म मानने वाला आ सकता है। वह कोई भी हो सकता है, हिन्दू और मुसलमान भी लेकिन तुम जो चाहती हो वही नाम रख सकती हो।

लेकिन अब तुम शान्ति नहीं अशान्ति हो। यह तुम्हारा नाम वेशभूषा जब था तब था, अब तो एक ही नाम है तुम्हारा- वेश्या!

मैंने तुम्हारे खातिर बहुत वक्त बर्बाद किया है, पूरा हफ्ता तुमको देकर। इतना वक्त मैं किसी को नहीं देती, जाने क्यों तुम्हारी मासूमियत पर मुझे तरस आ गया था। मैंने तुम्हारी हर बात मानी अब तुम्हारी बारी है कि मेरी बात मान लो। अपने आप को संभालो और संवारो। यहां किसी चीज की कमी नहीं है बस ग्राहक आए तो हंसते हुए मिलोगी। यदि रोनी सूरत बना कर बैठोगे तो वह कोई तुम्हारा दूल्हा तो है नहीं कि तुम्हें मनायेगा बल्कि किसी दूसरे के पास चला जाएगा और तुम मेरी दुकान का फेंका हुआ माल बन कर रह जाओगी। जिसे मेरे बाउंसर लोग अपनी हवस का शिकार बनायेंगे लेकिन वापस यहां से बाहर तो नहीं जा पाओगी।

बस आज की रात तुम्हारी कुंवारे पन की आखिरी रात है। जितना सोचना समझना था इस एक हपते में समझ लिया होगा। सब कुछ समझ लिया होगा। हंस कर पैसे कमाना है कि रोकर बलात्कार करवाना है। मेरे बाउंसरों के तो मन की बात हो जाएगी। ग्राहक आएगा तो अकेला ही आयेगा किंतु बाउंसर तो जितने भी हैं, जिसकी जो मर्जी, वो रात या दिन जब होगा अपने शिकार

पर झपट सकते हैं।

हां, एक बात जरूर बता दूं फिल्म में जब विलन किसी हीरोइन के साथ ज्यादती करता है, तो हीरो बचाने आ जाता है परंतु यहां पर ऐसा कुछ नहीं है। यहां किसी ग्राहक की हिम्मत नहीं है कि ऐसा कुछ कर सके इसलिए तुम्हें जो तकलीफ होना है वह हंसते-हंसते झेलना है।

हर रात नया हीरो, नया खेल, कोई अमर प्रेम वाली कहानी नहीं होगी। तेरी प्रेम कहानी का अंत दो तूने कर ही दिया, शौकत के मुंह पर थूक कर। वैसे हो तो तुम वाकई बहुत समझदार।

शान्ति सोचने लगी मेरे पास एक ही चाल थी, उसकी भी मात हो गयी, बाजी तो बाजी मार ले गयी।

सब कुछ सुनने के बाद बहुत कुछ सोच समझकर कुछ निर्णय लेकर शान्ति ने मुस्कुरा कर कहा- बाजी आप जैसा चाहोगे वैसा ही होगा। मैं कर ही क्या सकती हूं आपकी बात मानने के सिवाय।

बाजी उसके सिर पर हाथ फिरा कर बोली- ठीक है, रात आठ बजे तैयार होकर आ जाना।

रात आठ बजे के बाद जब शान्ति अपने कमरे से बाहर नुमाइश के लिए निकली, तो वहां जितनी भी लड़कियां थीं उन सब में वास्तव में वह हीरे के समान चमक रही थी, कहर बरपा रही थी, कई लड़कियां देखकर दंग रह गयीं।

कई लड़कियां उसे देख कर अचंभित रह गयीं, कईयों को जलन हो रही थी कि अब हमारी कीमत कम हो गयी। अब जो भी ग्राहक आएगा वह पहले इसे पाना चाहेगा।

बाजी ने जैसे ही देखा खुश हो गयी और बलैंयां लेकर बोली- वास्तव में तुम सुंदर तो हो ही, साथ में समझदार और सलीकेदार भी हो। बिना किसी हील हुज्जत के लाइन पर आ गयीं। मैंने तुम्हारे लिए जो रकम खर्च की है वह सब वसूल हो जाएगी।

शान्ति ने कहा- मैं आज से सलमा हूं, किसी को मेरे नामकरण की आवश्यकता नहीं है। जब संतोष शौकत हो सकता है, तो शान्ति से मैं सलमा क्यों नहीं?

वह मन में सोचने लगी, आज मैं अशांत बिल्कुल नहीं लेकिन एक दिन बस शौकत को जरूर सिखा कर रहूंगी की किसी के विश्वास को तोड़ना क्या

नहीं कर सकता है? मैं एक दिन इस मकड़ जाल को तोड़कर ही रहूंगी उसके लिए उसे कुछ भी करना पड़े।

शान्ति के परिवार वालों को ये दो हप्ते वर्षों के बराबर बीते, धीरे-धीरे घर में वापस सब कुछ पहले जैसा होने लगा लेकिन उन्हें उम्मीद थी, शान्ति एक दिन वापस आयेगी। जब भी कोई आहट होती तो ऐसा लगता कि शान्ति वापस आ गयी। मां और बाप तो उम्र से ज्यादा बूढ़े लगने लगे थे और छोटा भाई एकदम उम्र से बड़ा और समझदार लगने लगा था।

अब तो पूरा साल होने को आया शान्ति को ना आना था और ना ही कोई खोज खबर आयी। किसी तरह यह लोग मान कर चलने लगे कि अब शान्ति शायद ही कभी देखने को मिले।

इधर शौकत सूरत पहुंच गया किसी और शिकार की तलाश में लेकिन बार-बार जैसे ही अपना चेहरा देखता, या चेहरे पर हाथ फेरता तो उसको शान्ति याद आ जाती, जिसने उसके चहरे पर इतनी नफरत से थूका था। इस बात को वह भूल कर भी भूल नहीं पा रहा था। अगर वह कमरे से बाहर होती, तो शायद शौकत उसको मारने के लिए तैयार हो जाता लेकिन उसके हाथ तो एक प्रकार से बंधे थे। एक तो बाजी का डर ऊपर शान्ति और उसके बीच दीवार थी। बस! दिख रही थी तो एक सूरत।

शौकत जिस प्रकार से अभी तक लड़कियों को फंसा रहा था, अब वह इतना नर्वस हो गया कि जब भी वह किसी लड़की से बात करता, तो उसे शान्ति का चेहरा याद आने लगता, उसके कहे हुए शब्द और तिरस्कार याद आने लगता और एक अजीब सी हिचकिचाहट होने लगती थी। उसकी पहले वाली चपलता, चंचलता, बात करने के लटके-झटके कहीं खो गए थे। वह जिस लड़की से भी बात करने की कोशिश करता तो ऐसा लगता कि यह शान्ति ही है और बार-बार उसके मुंह पर थूक रही है, चिड़ा रही है। वह कह रही है संतोष! मैं हारी नहीं हूं मन से जीत चुकी हूं। यह सब याद आते ही वह नर्वस हो जाता था।

अब शौकत का जमीर बार-बार उसे धिक्कार रहा था। आखिर कब तक वह इस प्रकार कितनी और लड़कियों को धोखा देता रहेगा? एक दिन सब कुछ खत्म होना ही है क्या यही मेरी खुशी का अंत है? उसने सोचा कि वह इस ध ंधे को छोड़कर अपने बीवी बच्चों के साथ सुकून से रहे, लेकिन शान्ति और उसका श्राप याद आते ही वह अशांत हो जाता। वह जो आज तक लड़कियों

के मामले में निश्चिंत होकर उनको लेकर, कानपुर दिल्ली की तंग गलियों में नुमाइश के लिए ले जाता था, उसके लिए अब उसका जमीर जवाब देने लगा था। जाने क्यों ऐसा लग रहा था, कि वह जो भी कर रहा है ठीक नहीं है। शान्ति ने उसकी आंखें खोल दी थीं, वह टूटने लगा था।

इधर शांति देह व्यापार करने लगी थी, किंतु उसके जीवन में हमेशा एक आग की तपिश जलती रहती थी। सोते बैठते यहां तक कि वह ग्राहक के साथ होती, तब भी वह कायम रहती थी। बहुत जल्दी ही वह नुमाइश के बाजार में चर्चित हो गयी। कई तो उसका नाम सुनकर ही मदहोश हो जाते थे। उसने ग्राहकों के दिल में इतनी पैठ जमा ली थी, कि जो भी आता वह सलमा को पहले पूछता था। यदि वह किसी और के साथ होती तो, या तो ग्राहक दूसरे दिन की बुकिंग करता या फिर आज मेरा मन किसी और के पास जाने का नहीं, कहकर चला जाता था।

तबस्सुम बाजी भी प्यार में धोखा खा चुकी थीं। आज से बीस वर्ष पहले वह भी किसी के प्यार में पागल थीं। वह था असीम मलिक जो आजकल दुबई में बैठा है। बाजी के धंधे में अपने कुछ उसूल थे, जैसे कि इस घर में ५० लड़कियां होना और यदि ज्यादा हो जायें, तो यहां से दुबई रवाना करना। जितने में मंगाई थी उससे कई गुना कीमत में दुबई में बेच देना। इस तरह धंधे में नुकसान नहीं करती थीं।

आज इस महलनुमा मकान में विशेष चहल-पहल थी क्योंकि बाजी का आशिक असीम मलिक आने वाला था। जो इस धंधे का संचालन दुबई में करता था। पहले तो वह महीने में एक बार आता और जो पसंद आती, उसको लेकर दुबई चला जाता था। किंतु अब की बार वह २ साल के उपरांत आ रहा था। बाजी उसके लिए इतनी पागल थीं कि पूछो मत। असीम के आने का मतलब ईद का चांद निकलना, असीम उसकी कमजोरी था, यदि यह कहें तो कोई अतिशयोक्ति नहीं होगी।

जिस दिन असीम मलिक कानपुर में होता उसके स्वागत के लिए हर कोई आता रहता। उसका कसरती बदन व खूबसूरती किसी फिल्मी हीरो से कम नहीं थी। पचास का होगा लेकिन आज भी उस पर कई लड़कियां फिदा हो जातीं है।

पहला तो यह कि यदि असीम मलिक किसी को ले जाता, तो उन्हें यहां की कैद से छुटकारा मिल जाता। दूसरा दुबई में कुछ करने का मौका और कुछ नहीं, तो खुली हवा में सांस लेने को मिलेगा। जैसे ही शान्ति ने असीम मलिक

के बारे में सुना, तो वह भी आतुर हो गयी। शायद उसे भी असीम मलिक से मिलने का मौका मिले और वह भी इस कैद से छूट सके।

असीम मलिक के आने से ''बाजीमहल'' अक्सर लोग इस मकान को बाजीमहल या बाजी का महल पुकारने लगे थे। कारण कि इस मकान में बाजी का ही निजाम चलता था और रहती भी वह थी किसी महारानी की तरह, या यूं कहें कि इस महल की मलिका बाजी ही थीं। उसका रहन-सहन किसी रानी से कम नहीं था। यूं समझो किसी छोटी मोटी रियासत की मालकिन हो।

आज तो बाजी महल की रौनक देखते ही बनती थी। उसने बाहर के दरवाजे को छोड़कर अंदर हर प्रकार की सजावट करवा दी थी। हर लड़की औरत को कहा गया कि तुम लोग अपने आप को इतना सजाओ संवारों कि असीम का दिल तुम पर आ जाये और वह उस हसीना को भेंट स्वरूप उसे पेश कर सके। जब भी वह आता वह खुद भी अपने आप को एक रात की रानी पेश करती थी। असीम के लिए महंगी से महंगी शराब का इंतजाम किया जाता। कई बार तो असीम के आने से धंधे का लॉक डाउन कर देती थी। उस दिन बाहरी ग्राहकों के आने की मनाही होती थी। चाहे उसके लिए कितना भी नुकसान उठाना पड़े।

मलिक भी दुबई से ढेर सारे तोहफे लाता था। एक प्रकार से धंधे के घाटे की पूर्ति हो जाती थी। लड़कियों के बीच सिर्फ एक ही चर्चा की सुगबुगाहट रहती कि काश! असीम मलिक की नजर उस पर पड़ जाए और वह उसे दुबई ले जाये। सलमा को भी लगा कि ऐसा हो तो इन तंग गलियों से अच्छा होगा और दुबई की रौनक देखने को मिलेगी। जो यहां कर रही हूं, वहां भी यही करना पड़ेगा लेकिन कुछ तो सुकून होगा ।

इस प्रकार लड़कियां यहां से निकलने के लिए खुद मलिक साहब के साथ राजी खुशी से दुबई की राह पकड़ लेती थीं। लड़कियों के लिए इस नरक से निकलने का यही एक रास्ता था। कई लड़कियां जा भी चुकी हैं, यह दूसरी बात है कि वहां पर उनको गुलामों की तरह बेच दिया जाता है। बस एक ही संतोष रहता कि खुले में सांस ले सकते हैं, यहां तो सांस लेने के लिए भी बाजी की इजाजत जरूरी है। यदि किसी ने कोई गलती की तो उसका अंजाम कैसा होगा, सुनकर ही रोंगटे खड़े हो जाते थे, बाउंसर लोग भंडारे के लिए तैयार बैठे रहते हैं।

बाजी का जासूसी तंत्र भी जबरदस्त है, यदि यह लड़कियां आपस में

फुसफुसाहट भी कर लें, तो खबर बाजी तक पहुंच जाती और उसको बाजी के सामने पेश होना पड़ता था। सामने पेश होने का मतलब कुछ ना कुछ सजा, जो उसके मुंह से निकल जाए। इतने दिनों तक भूखा रहना पड़ेगा, अगर उस पर भी संतुष्ट नहीं हुई तो मार भी पढ़ती थी, इतने पर भी दिल ना भरे तो गुंडों के मुंह का निवाला बनना पड़ता था। बाजी का अपना निर्णय है, अपने दस्तूर हैं, जो उसके खुद के बनाए नियम कायदे हैं। बस उसका यही कहना है कि कायदे में रहोगे तो फायदे में रहोगे वरना भुगतान तुम ही भरोगे।

उधर शान्ति के परिवार वालों ने भी शान्ति के आने की आस छोड़ दी थी और परिस्थितियों से समझौता कर लिया था। अब उसके बड़े भाई के रिश्ते आने लगे थे। सबसे बड़े भाई के यहां खुशखबरी की चर्चा भी थी। छोटू का स्कूल खत्म होकर कॉलेज की तैयारी करने लगा था। धीरे-धीरे घर में रौनक लौटने लगी थी। परिस्थिति पीड़ा दायक थी, तो वह मां-बाप से ज्यादा चाचा-चाची की थी। वह लोग शान्ति को भूल नहीं पा रहे थे। वैसे तो कोई नहीं भूला था किंतु चाचा-चाची का विशेष लगाव था। वह अभी भी थाने के चक्कर लगाते रहते थे। काश! कहीं से शान्ति का कोई सुराग मिले। शान्ति के बड़े भाई के यहां जैसे ही लड़की पैदा हुई, सबसे पहले उनके मुंह से निकला हमारी शान्ति वापस आ गयी। सबसे अधिक शान्ति के मां-बाप खुश थे और उन्होंने उसका नामकरण भी शान्ति कर दिया।

शान्ति के पिता रघुवीर ने अपने छोटे भाई को बोला- रणवीर, देखो छोटी शान्ति आ गयी। शान्ति के दोनों भाइयों का नाम निखिल और नितिन था। निखिल सबसे बड़ा था अब तो पूरा परिवार खुश रहने लगा था, किन्तु जैसे ही शान्ति का ख्याल आता, वह लोग उदास हो जाते, हालांकि पोती के आने से दादा दादी और मां को घर में थोड़ी सी ही सही खुशी ने कदम रख दिया था। छोटी शान्ति के आने से चाचा-चाची भी पहले की तरह आने जाने लगे थे।

इधर बाजी महल में जैसे ही असीम मलिक ने कदम रखा वैसे ही तबस्सुम बाजी ऐसे खुश हो गयीं जैसे वह दुल्हन हो और असीम बारात लेकर आया हो? उसके आते ही वह असीम के साथ घंटों कमरे में रहीं। उसका नतीजा यह हुआ की इधर चंद घंटों के लिए ही सही बाजीमहल की लड़कियां सुकून से रहीं। ना किसी ग्राहक की खिदमत और ना ही कोई धंधे का रोना? चार घंटे के बाद जैसे ही तबस्सुम और असीम बाहर आए तो ऐसा लगा कोई राजा रानी अपनी रियासत में घूमने निकले हों। हर औरत हर लड़की सजी

संवरी बैठी थी, महीनों बाद आज कोई ग्राहकी नहीं थी। ऐसा लग रहा था, मानो आज १५ अगस्त यानी कि आजादी का पर्व हो।

आज एक साल बाद पहली मर्तबा सलमा उर्फ शांति को उस लड़की से बात करने का मौका मिला, जिसने पहले दिन उससे मुलाकात की थी। वह लड़की सबसे आगे खड़ी थी और कातर निगाहों से असीम की ओर टकटकी लगाए देख रही थी। काश! मलिक साहब की नजर पड़ जाए।

शांति को देखकर उस लड़की ने छेड़ते हुए बोला- सलमा, तुम तो बड़ी खिलाड़ी हो गयी हो, हर ग्राहक के मुंह पर तुम्हारा ही नाम होता है। हम भी तो वही बेचते हैं, जो तुम्हारे पास है लेकिन जब भी देखो धंधे के मामले में तुम बाजी मार ले जाती हो। बाजी भी तो खुश है तुम्हारे काम से। इसके अलावा और भी कुछ उसके मन में था, जो वह प्रकट में ना कह सकी।

वह सोच रही थी कि काश! असीम मलिक इस नई छोकरी को ले जाये, जिससे हमारी ग्राहकी लौट आये। जब से आयी है हमारे पास तो ग्राहक आता ही नहीं, आता भी है तो मजबूरी में। बस पूछ परख इसी के नाम की होती है, हम तो बस नुमाइश के बाद मायूस होकर रह जाते हैं।

बाजी महल एक पुराना मकान था। किसी समय हमेशा जगमगाता रहता था किंतु अब बाहर से खस्ता दिखता है। देखने पर लगता है कि यह कोई पुराना खंडहर नुमा मकान है। यह किसी समय एक नवाब की कोठी होती थी। नवाब साहब ने इस कोठी को अपनी किसी रखैल को दे रखा था, जो कि उस वक्त की बहुत ही सुंदर और मशहूर तवायफ थी। उस जमाने में लोग मनोरंजन के लिए तवायफों के पास नाच देखने, गाने सुनने के लिए जाते थे। यूं कहें कि मुजरे का चलन ज्यादा था।

उस जमाने में लोग इसको ''खिदमत खाना'' के नाम से जानते थे, अब इस पर ''सेवाश्रय'' लिखा है। इसके बावजूद उस कोठी को लोग ''बाजीमहल'' ही बुलाते हैं। इस कोठी ने कई अमीरों को, यहां की औरतों के इशारे पर बर्बाद होते देखा है। अफसरों को यहां की औरतों के इशारे पर कई सरकारी काम करवाते देखा है। सरकारी काम जो हमेशा अटके रहते हैं या यूं कहें की फाइलों में दबे रहते हैं, वों यहां के एक इशारे पर चुटकी में होते देखा है। बस किस अफसर की राह किस तवायफ के कोठे पर जाती है, मालूम होना चाहिए? यही वजह थी कि बाजी की पहुंच भी बहुत ऊंची थी। कोई भी यदि शिकायत गयी तो यह अफसर उसको दबा देते थे, नहीं तो शिकायत कर्ता को बाजी से

समझौता करना पड़ता था। एक प्रकार से बाजी की तूती बोलती थी, जो अफसर यहां पर नहीं आ पाते या नहीं चाहते कि कानपुर की तंग गलियों में बदनाम हो जायें, तो उनके लिए घर पहुंच सेवा का बंदोबस्त बाजी करवा देती थीं।

इसी प्रकार एक बार शान्ति को भी किसी बहुत ही बड़े अधिकारी के पास जाना पड़ा था, उसने अपना दर्द उसके साथ बांटना चाहा, पर उसने साफ-साफ कह दिया, तुम जहां हो वहां से सिर्फ और सिर्फ बाजी की मेहरबानी ही कुछ कर सकती है, या फिर तुम्हारी मौत। इसके सिवा और कोई रास्ता नहीं है वह हमारा भी काम तमाम करवा देगी। हम से भी ऊपर वालों तक उसकी पहुंच है। उसको कोई नहीं जानता कहां-कहां इसने अपनी पहुंच बना रखी है। इसका सबसे बड़ा हथियार मर्दों की कमजोरी का फायदा उठाना और उसके लिए हमेशा तैयार रहती है। कोई कुछ बोला कि तुरंत बदनाम करवा देना और इतना बदनाम करवा देना, या तो अधिकारी नौकरी छोड़ने पर मजबूर हो जाये या फिर आत्महत्या कर लेगा। सिर्फ एक रात वह शख्स उस सेवाश्रय की सेवा ले ले, बस उसका रिकॉर्ड बाजी के पास सुरक्षित हो जाता है।

यह दिन शान्ति उर्फ सलमा के लिए बड़ा ही सुकून का दिन था कि बिना किसी ग्राहक के अपने कमरे में अकेली रहना। वह जान बूझकर उस नुमाइश को नजर अंदाज कर अपने कमरे में चली गयी कि कुछ देर ही सही उसे शान्ति मिलेगी। वैसे उसकी शान्ति तो कब की समाप्त हो चुकी थी। जब से उसने अपना नामकरण शांति से सलमा कर लिया था। अब तो सब तरफ से खंडित हो चुकी थी, फिर भी उसके जेहन में आग की चिंगारियां मौजूद थीं, जो उसके दिल और दिमाग को खौलाया करती थीं।

कुछ समय बाद वह भी बाहर आ गयी, उत्सुकता तो थी ही, वह भी चाहती थी कि असीम मलिक से नजर मिले, इसी बेचैनी में वह कई बार अंदर बाहर हो रही थी। मन कह रहा था कि आज के बाद जो भी होगा, नया होगा। इसी सोच विचार के साथ जैसे ही बाहर आयी मलिक साहब और बाजी की नजर उस पर पड़ी।

बाजी ने धीरे से कहा- यह मेरे बगीचे का सबसे ताजा फूल है, कहो तो तुम्हें नजराने में पेश कर दूं?

असीम मलिक ने कहा- मेरे कमरे में पहल ले आती तो अच्छा रहता, तुम तो अब बासी हो चुकी हो, बासी खाना तो मजबूरी में खाना पड़ता है और ताजे का अपना स्वाद होता है।

बाजी ने कहा- असीम, तुमने आने में देर कर दी, इसको एक साल हो चुका है। इतनी भी ताजातरीन नहीं है कि अपने से पहले इसे पेश करूं, सबसे पहले तो मेरा हक है तुम पर और मैं अपना हक छोड़ना नहीं चाहती। मैंने तो सिर्फ जीवन में एक ही ग्राहक का सहारा लिया है जो तुम हो, तुम्हें मालूम होना चाहिए मैं स्वयं कोई धंधा नहीं करती। मेरा तो सब कुछ असीम ही है, बस उसका हमेशा इंतजार करती हूं, इसीलिए तो यह लड़कियां मेरा क्या मुकाबला करेंगी। मैं तो तहे दिल से तुम्हें चाहती हूं, एक बार दुबई ले चलो तो अपन यह सब धंधे बंद कर देंगे।

असीम हंसकर बोला- क्यों अपने आप को बर्बाद करना चाहती हो, वहां पर ४५ के ऊपर वाली को कोई खरीदना नहीं चाहता, तुमको तो वहां पर सिर्फ नौकरानी का काम मिलेगा। यह जो महारानी की तरह रह रही हो सब खत्म हो जाएगा।

बाजी असीम के मन की बात जानती थी इसलिए चुप रही उसने शान्ति को बोला- चलो, आज तुम अपने कमरे में नहीं मेरे कमरे में रहोगी, जब तक मलिक साहब चाहेंगे, तब तक वहां रहोगी। आज से हम दोनों साथ रहेंगे।

अक्सर बाजी यही करती जो सबसे नई लड़की आती, उसको मलिक को नजराने के तौर पर पेश करती लेकिन यह क्या पहली मर्तबा बोली- हम साथ रहेंगे ऐसा जाने क्यों?

असीम मलिक भी सोच में पड़ गया- बीस साल से ऊपर हो गए, हमें धंधे में साथ-साथ रहते। किंतु लड़कियों को तबस्सुम ने अकेले ही मेरे पास भेजा। आज ऐसा क्या सूझी कि किसी लड़की के साथ खुद ही रहेगी। क्या मैं खुलकर इस लड़की को आजादी से उपयोग कर सकूंगा? आखिर यह चाहती क्या है, क्या हमारी फिल्म डायरेक्ट करेगी या कुछ और समझ नहीं पाया?

आज बाजी ने सब को दावत के तौर पर कहा- वह सब खाएं पियें, आज पूरी तरह छूट है, कल भी आराम रहेगा और ग्राहकी भी बंद रहेगी। सब सोचने लगे बाजी की खुशी सर्वोपरि है वह जो ना चाहे वह करें, हमको तो हुकुम बजाना है। सब अपने अपने कमरे में चले गए।

शान्ति जिस्म फरोशी करने लगी थी किंतु बाजी यह नहीं भूली थी कि कितनी नफरत से इसने शौकत के मुंह पर थूका था। वह नहीं चाहती कि यह मलिक साहब के साथ कुछ ऐसा वैसा करे, जिससे असीम को बुरा लगे और वह हमेशा के लिए उस से नाता तोड़ ले। जो मुझे कुछ दिनों की खुशी मिलती

है, वह खत्म ना हो जाए। क्या असीम अपनी बेज्जती बर्दाश्त कर पाएगा?

इसी वजह से वह चाहती है, कि साथ में रहे। बाजी समझ चुकी थी कि यह घायल शेरनी है कुछ भी कर सकती है, बाजी पूरी दुनिया को नाराज कर सकती हैं किंतु असीम को नहीं वह भी जब चंद दिनों के लिए आया है। कहने को प्रेमी है लेकिन ठहरे परदेशी मेहमान। उसे किसी प्रकार की कमी नहीं है लेकिन मेरा प्यार तो वही है और रहेगा भी।

बाजी को शौकत का ख्याल आते ही उसने अपने खबरचियों से जानना चाहा कि इतने दिन हो गए साल से ऊपर होने को आया। अभी तक शौकत नई मछली फंसा कर क्यों नहीं लाया? क्या मुफ्त में मेरे खर्चे पर मौज उड़ाना चाहता है?

उधर शौकत शान्ति के इस व्यवहार से इतना टूट चुका था कि वह किसी भी लड़की से बात करने पर घबरा जाता था। वह बेकार घूमने लगा, कभी दिल्ली आ जाता किंतु कानपुर आने की हिम्मत नहीं कर पा रहा था। कानपुर में एक तो बाजी का डर ऊपर से अपने बीवी बच्चों की फिक्र थी। यदि बाजी को पता लगा तो ना जाने कैसा और कौन सा व्यवहार करेगी। जो बेखौफ होकर नई लड़कियां फंसाता था आजकल इतना मायूस हो गया कि वह लड़की या औरत जिसको भी देखता, उसे शान्ति का चेहरा ही नजर आता।

शान्ति का छोटा भाई नकुल जो कभी चुलबुला था, उसका चुलबुलापन कहीं गायब हो गया था। अब वह एक ही धुन में रहने लगा कि उसे कुछ बनना है, या तो आई पी एस, या आई ए एस, यदि उसके पास प्रशासनिक या पुलिस की कोई अच्छी नौकरी होगी, तो वह इस गुत्थी को सुलझा सकेगा कि आखिर शान्ति कहां गायब हो गयी, क्या आसमान खा गया या धरती निकल गयी? रात दिन वह यही सोचता रहता उसको तो जुनून चढ़ गया था कि कुछ बनना है। उसकी मेहनत देखकर चाचा-चाची भी साथ देने लगे और हर सहायता को तैयार रहते।

उसने अपने चाचा चाची से कहा- यदि मैं दिल्ली चला जाऊं, तो तैयारी वहां अच्छी कर सकूंगा। माता-पिता तो शान्ति के जाने से घबराए हुए थे, एक रात को भी किसी बेटे को अपने से दूर नहीं जाने देना चाहते थे। उनका कहना था अब तो जब तक हमारी आंखें बंद नहीं होतीं, हमसे कोई दूर नहीं जाएगा। इसीलिए नकुल यह बात माता-पिता से नहीं कर पाया, उसको घर से दूर जाना है सुनकर ही वह लोग रूआंसे हो जाते थे। वह पूरी तरह से टूट चुके थे,

यूं कहें कि इतने थक चुके थे कि कोई भी मानसिक आघात उनके लिए जान पर बन सकता था। यह बात सभी जानते थे, नितिन जो शादी के लिए हमेशा इंकार करता था वह भी शादी के लिए राजी हो गया कि कुछ तो परिवार में खुशियां लौटे और शान्ति के जाने का गम कम हो सके।

बाजी महल में कई लड़कियां आयीं गयीं किंतु शान्ति को देखकर बाजी को एक अजीब सा एहसास होने लगा था कि यह लड़की जरूर कुछ करेगी। हालांकि शौकत के मुंह पर थूकने के अलावा उसने हर तरह से बाजी का कहना माना था। उससे ग्राहक भी खुश रहते थे कमाई भी अच्छी हो रही थी, बस एक अनजाना सा भय बाजी के मन में समाया था। जैसा कि बिल्ली के रास्ता काटने पर लगा रहता है कि काम होगा या नहीं? उसने शान्ति को अपने कमरे में बुलाया किंतु वह खुद असहज हो गयी थी, असीम भी गर्मजोशी महसूस नहीं कर पा रहा था, जैसा कि हमेशा ऊर्जावान रहता था।

दूसरी ओर शान्ति एकदम तरोताजा महसूस कर रही थी कि यदि असीम मलिक मेहरबान हो जाये, तो इस नर्क से छुटकारा मिल जाएगा। बस कुआं और खाई में जो फर्क होता है, वही है। इसीलिए वह अंधेरे से निकलकर खुली खाई में कूदने को तैयार थी। शान्ति ने सोच लिया था कि मुझे किसी प्रकार से बाजी के चंगुल से निकलना है, चाहे उसे जो भी कीमत चुकाना पड़े। एक बार यहां से निकलो तो सोचो कि आगे क्या करना है? वैसे तो आगे बहुत कुछ करना है, एक तो शौकत को सबक सिखाना है। वह भी कहां होगा यह अंधेरे में तीर चलाने के समान था। बाजी से लड़ना तो पहाड़ काटने के समान है। बस असीम मलिक में ही एक उम्मीद की किरण नजर आ रही थी। इसी को पटाना जरूरी है ताकि मुझे यहां से मुक्ति मिल जाये। शान्ति जानती है कि बाजी सबको टाल सकती हैं किंतु उसके प्रेमी की बात कभी नहीं टालेगी।

बाजी ने तो अपने जासूसी तंत्र से पता लगा लिया था कि शौकत निकम्मों की तरह दिल्ली में घूम रहा है क्योंकि दिल्ली में तो असलम था, वह भी बाजी के ही कुटुंब का हिस्सा था। उसने एक बार कानपुर आकर शौकत के बारे में सब कुछ बता दिया था कि वह अब लंगड़ा घोड़ा हो चुका है, दौड़ में भाग नहीं ले सकता। बाजी ने तुरंत अपने दो गुप्तचरों को दिल्ली भेजा और शौकत को लाने को कहा।

शौकत को यह एहसास नहीं था कि उसकी सब खबरें बाजी तक पहुंच रही हैं। बाजी के खबरची सभी तरफ फैले थे, असलम भी उनमें से एक था।

शौकत सोचता था कि असलम उसका दोस्त है और जब भी दिल्ली में रहता तो रहने खाने की व्यवस्था करता था। यहां तक कि दिल्ली में शौकत ने जो दो रखैल रखी थीं, उनमें से भी एक बाजी की खबरची थी। शौकत तो हमेशा रहता नहीं था, उनके खाने पीने की व्यवस्था भी बाजी के गुर्गे ही करते थे। एक प्रकार से दोनों औरतें समाज से बाहर होकर भी दिल्ली में जिस्मफरोशी करती थीं। वास्तव में वह शौकत की रखैल नहीं थीं, उसे तो वह अपनी मर्जी से धंधे में साथ रखती थीं कि कह सके हमारा यह शौहर है। वह जिस क्षेत्र में धंधा करती थीं वह दिल्ली का उच्च वर्गीय रहवासी इलाका था। शौकत सोचता था मेरी बीबी हैं लेकिन वह दोनों साथ रहकर शौकत की बीबियां बताने का नाटक करती थीं। उनके यहां पर भी उनका धंधा चालू था।

यह दोनों शौकत को धोखा दे रही थीं। दोनों थोड़ी पढ़ी लिखी हुई थीं इसलिए चतुर और चालाक थीं। जो लोग कानपुर से दिल्ली आते थे, उनकी अगवानी करना, उनके कई होटलों से संपर्क थे इसलिए इनको पहले से पता होता था कि कानपुर या लखनऊ से राजनेता या नौकरशाह आ रहे हैं और फिर वह औरतें फौरन दिल्ली में उनकी सेवा में पहुंच जाती थीं। इस प्रकार इनके जरिए बाजी का राजनीति में भी भरपूर दखल होता था।

इस प्रकार यह औरतें या तो अपनी तैयार की हुई लड़कियों को नेताओं और अधिकारियों के पास भेजती थीं, या फिर कानपुर से उनके साथ ही आ जातीं। इस प्रकार बाजी का धंधा कानपुर तक ही सीमित नहीं था, यह तो उसका देशव्यापी धंधा था। मोहल्ले में बताने के लिए ये औरतें दिल्ली के होटल में नौकरी कर रही थीं। जिससे धंधा चल रहा था।

आज की रात असीम मलिक की रंगीन ना हो सकी। बाजी का कमरे में होना ऐसा था कि इस लड़की को असीम मलिक के साथ रखकर ना तो वह खुश थी और ना ही मलिक खुश था। दोनों ही असहज थे। शान्ति को डेढ़ बरस में पहली मर्तबा अहसास हुआ कि मलिक तो खुश है किंतु बाजी नाखुश है।

शान्ति ने बाजी से कहा- यदि तुम चाहो तो मैं वापस चली जाती हूं, मुझे तुम्हारे प्रेमी के साथ रहने का कोई शौक नहीं है तुमने ही बुलाया था।

बाजी चुपचाप शान्ति को निहारती रहीं। आज शान्ति को लग रहा था कि बाजी कुछ नरम है वह बाजी को जलाने के लिए बोली – मैं रुकूं या जाऊं या कहो तो किसी और को भेज दूं।

इन सालों में शान्ति एक मजे हुए खिलाड़ी की तरह हो गयी थी। मर्दों

की कमजोरी का उसे पता था, वह जानती थी कि यदि वह यहां से जाएगी तो असीम मलिक हो सकता है बाजी से झगड़ने लगे क्योंकि उसे बाजी में वह नजर नहीं आ रहा था, जिसकी छाप वह कमरे में छोड़कर जाने वाली थी।

शान्ति ने एक बार फिर असीम मलिक को हसरत भरी निगाहों से ताका, तो उसकी नजरों ने मलिक साहब को घायल कर दिया। असीम नहीं चाहता था कि लड़की ऐसी ही चली जाए उसने शान्ति को पकड़कर अपने आगोश में ले लिया और बाजी से बोला- अब हमारी कोई फिल्म बनाओगी या रात भर चौकीदारी करोगी? कमबख्त यह भी क्या चीज है, इसने तो हमें दीवाना बना दिया है। बस तुम तो इसकी यहां से जाने की तैयारी करो २ घंटे हो गये, अब तो यहां से दफा हो जाओ, जाकर हमारे निकाह की तैयारी करो, हम इसे अपनी बेगम बनाकर ले जाएंगे।

इतने सालों में बाजी को पहली मर्तबा लगा कि वह असीम से बेइज्जत हो रही है। आज तो असीम ने उसे नाकारा बना दिया, उसका कारण यह शान्ति ही है। इसकी जिम्मेदार भी वह खुद ही है क्योंकि मैंने इस मलिक के साथ आने का मौका दिया। अब तो लग रहा है कि जैसा सोचा था, वैसा ही यह लड़की करने वाली है। वास्तव में यह अच्छा संकेत नहीं है लेकिन बाजी अब कर भी क्या सकती थी।

बाजी कमरे से बाहर आकर, पांव पटक कर थोड़ा गुस्से से बाहर आ गयीं। उसने कमरे से लगा उस दरबारी हाल को देखा जिस हाल में बैठकर बाजी अपना निजाम चलाती थीं। उस बैठक में अच्छी खासी पन्द्रह बीस लोगों के बैठने की व्यवस्था थी। बैठक से बाहर जो नौकर खड़ा था उससे इशारे से पानी मांगा और बोला- एक बोतल मलिक साहब के लिए शराब ले जाओ हालांकि कमरे में सब इंतजाम था लेकिन वह अपनी नाकामी का इजहार नहीं होने देना चाहती थीं ताकि नौकरों और लड़कियों में किसी तरह की फुसफुसाहट शुरू ना हो जाये।

उधर शौकत ने जैसे ही बाजी के गुर्गों को देखा तो समझ गया कि अब खैर नही, ये लोग जरूर उसे कानपुर बाजी के दरबार में पेश करने के लिए ले जाएंगे। एक ने पहले ही शौकत से पूछा- बाजी का काम हुआ कि नहीं? साल से ऊपर हो गया तुमने किसी को फंसाया कि नहीं? तुम्हारी सब खबर बाजी को है, तुम तो यहां पर मुफ्त की रोटी तोड़ रहे हो और दोनों के साथ मजे कर रहे हो।

जबकि शौकत कानपुर में अपनी बीवी से दूर ही था। इन औरतों से भी औपचारिकता के तौर पर मिलता रहता था। उसे पता था यदि बाजी को पता लग गया कि इन दोनों के साथ रह रहा हूं तो शामत आ जाएगी। खैर शामत तो बिन बुलाए दो-दो गुंडों के रूप में सामने खड़ी थी। गुंडों ने पहले तो आंखों से पूछा- यहां कब से है?

किसी ने कुछ नहीं बोला तो, जो एक जो चुपचाप खड़ा था वह शौकत पर टूट पड़ा। उसने उसे इतना पीटा कि वह चलने लायक भी नहीं बचा। एक तो शौकत पहले से ही शान्ति द्वारा की गई बेज्जती से अंदर ही अंदर टूट चुका था और अब बाहर से भी टूट चुका है। उसने उन लोगों से गिड़गिड़ा कर माफी मांगी कि वह बाजी के पास जाने को तैयार है। आप लोग थोड़ी माफी और मोहलत दे दो किंतु वह लोग कहां मानने वाले थे, उन्हें तो बाजी का हुकुम बजाना था।

कहने को तो वहां पर दोनों औरतें शौकत की बीवियां बन कर रह रहीं थीं, उन्होंने भी किसी प्रकार की मुरब्बत नहीं की, पहले शौकत आता था, तो गर्म जोशी से मिलती थीं। अब अन्जान सी थीं। जैसे शौकत को जानती तक नहीं। उनको पता था कि हम लोगों ने यदि इस का पक्ष लिया, तो हमारा भी वही हाल होगा, जो इसका होने वाला है। आज शौकत को समझ आ गया कि वह किस गर्त में फंसा हुआ है? वह उन दोनों गुंडों की खातिरदारी कर रही थीं। वह शौकत को ऐसी नजरों से देख रही थी जैसे कोई गुनाहगार है। उन गुंडों ने पार्सल की तरह शौकत को टैक्सी में पटका और कानपुर की ओर चल पड़े। उन दोनों ने खुदा हाफिज कहना भी मुनासिब नहीं समझा।

उधर जैसे ही नौकर शराब लेकर आया, बाजी ने गटागट खूब सारी शराब पी ली। उसे लग रहा था कि इस शान्ति के कारण आज उसका अपमान हुआ है। वह पहली मर्तबा अपने आप को बेबस और लाचार महसूस कर रही थी। उसको लग रहा था कि उसका रौब अब खत्म हो गया, उसकी धाक की धज्जियां उड़ रही हैं, नियम बिखर रहे हैं। असीम मलिक की आंखों से ऐसा लग रहा था कि वह शान्ति पर लट्टू हो गया है। अंदर वह लोग मजे कर रहे हैं और वह जल रही है। इसी बीच किसी ने आकर बताया कि शौकत मिल गया है और जल्दी ही उसको लेकर आने वाले हैं। अब तो उसे शौकत पर भी गुस्सा आने लगा कि शान्ति के रूप में शौकत किसी लड़की को नहीं लाया बल्कि वह तो किसी बला को लेकर आया था। या तो यह सब बर्बाद कर देगी

या आबाद, पर बर्बादी के आसार ज्यादा नजर आ रहे है। उसका शराब का नशा उतरने सा लगा इसलिए उसने और पी ली।

पहले तो शान्ति के भाइयों की शादी के लिए समाज वाले आतुर रहते थे किंतु शान्ति के जाने के बाद जाति समाज वाले कन्नी काटने लगे थे। पहले नितिन भी शादी के लिए मना करता था किंतु अब चाहता है कि उसकी शादी हो जाए और घर में खुशियां लौट आयें।

दिल्ली से एक अच्छा रिश्ता आ ही गया यह भी इकलौती बेटी थी और दो भाई थे। दोनों ही दिल्ली में पुलिस में ऊंचे पदों पर पदस्थ थे। उनमें से एक मंत्रालय में पदस्थ था और उसकी पहुंच कई उच्च अधिकारियों के साथ थी। परिवार था तो मध्यमवर्ग का पर पकड़ अच्छी खासी थी। कोई भी काम दिल्ली में हो सकता था।

रिस्ता तय हुआ और शादी हो गयी। नकुल को भी पुलिस सर्विस में जाने के लिए सलाह मिलने लगी। उसने अपनी तैयारी तो की थी किंतु अब उसको इस परिवार द्वारा दशा और दिशा का ज्ञान मिलने लगा था। शान्ति के माता पिता भी थोड़ा निश्चिंत हो गये, उन्होंने उसे दिल्ली जाने की सहमति दे दी। भाभी के भाइयों की देखरेख में उसने दिल्ली पुलिस में डी. एस. पी. की नौकरी हासिल कर ली और वह ट्रेनिंग पर चला गया।

ट्रेनिंग खत्म होने पर उसे दिल्ली पुलिस मुख्यालय में रेडियो डी. एस. पी. का पद मिल गया। धीरे-धीरे अब उसे दिल्ली के कई अपराधियों के बारे में पता लगने लगा। उसे शान्ति के गायब होने में रुचि थी, तो सबसे पहले उसने उन गिरोह पर काम करना शुरू कर दिया जो लड़कियों की खरीद-फरोख्त करते थे और उनसे धंधा करवाते थे।

उधर शांति उर्फ सलमा ने असीम मलिक के सानिध्य का भरपूर फायदा उठाया। वह खुश होकर बोला– वह उसको दुबई में अपनी बेगम बनाकर रखेगा जल्दी ही वह उनके निकाह के दस्तावेज तैयार करवाएगा ताकि उसको लेकर दुबई जा सके।

जैसे ही सुबह हुई असीम ने सलमा से निकाह कर लिया, जिसकी तैयारी बाजी ने भारी मन से की थी। बाजी को खेद था कि सलमा ने असीम पर जादू कर दिया, जो वह बीस सालों में नहीं कर पायी। किंतु खुशी इस बात की थी कि जितना उसे डर लगता था, वह डर अब चला गया। अब उसका हिंदुस्तान में कोई भी पता ठिकाना नहीं रहेगा। दो दिनों में ही सलमा के नाम से

दस्तावेज तैयार होकर आ गए और असीम सलमा को लेकर दिल्ली आ गया जहां से अधिकारिक तौर पर शान्ति अब सलमा बनकर दुबई के लिए रवाना हो गयी, असीम मलिक की कानूनी बीवी बनकर।

जैसे ही बाजी को खबर मिली शौकत आ गया है लेकिन खाली हाथ है तो उसका गुस्सा चरम पर पहुंच गया। पहले तो शान्ति का बाजीमहल से जाना, वह भी उसी के आशिक के साथ, दूसरे यह निकम्मा साल उपरांत भी कोई शिकार नहीं फंसा पाया। एक अच्छा खासा आइटम चला गया, जिसका असर बाजी के धंधे पर भी पड़ा था। शान्ति की वजह से धंधा जोरों पर था, वह थोड़ा मंदा हो गया था। इधर शौकत कुछ खास नहीं कर पाया, शौकत का चेहरा एकदम मुरझा गया था। उम्र से ज्यादा बूढ़ा लगने लगा था। अब वह ना तो काम का रहा और ना ही किसी कमाई का साधन बन सका। मानसिक तौर पर, शारीरिक तौर पर, गुंडों के दुर्व्यवहार से, आर्थिक तौर पर भी बाजी द्वारा पैसा नहीं देने से, इस प्रकार शौकत हर तरफ से टूट चुका था। परिवार की ओर से जहां हमेशा आदर सत्कार होता था, अब दुत्कार मिलने लगी। पहले बीबी खुद डरती थी कि शौकत तलाक ना दे दे, अब वह स्वंय तलाक की धमकी देने लगी थी। क्योंकि बीवी बच्चों के खाने पीने के लाले पड़ने लगे थे।

एक दिन नकुल को रेडियो कंट्रोल पर खबर मिली कुछ औरतें उच्च अधिकारियों एवं राजनेताओं के मनोरंजन के लिए काम करती हैं। उनकी जड़ें बड़े-बड़े नेताओं एवं अधिकारियों तक फैली हुई हैं। वह अंतर राष्ट्रीय गिरोह की हैं। वह इतनी सक्रिय हैं कि दिल्ली और पास के सटे राज्यों में कई अधिकारियों एवं सरकार में पदस्थ प्रशासनिक एवं पुलिस वालों से संबंध हैं इसलिए कोई भी उन पर या उनके साथियों पर हाथ डालने से डरते हैं। उसने यही बात अपने भाई के साले को बतायी जो मंत्रालय में पदस्थ था और उसने अपने उच्च अधिकारियों को भी बतायी। धीरे-धीरे उनके कार्य कलापों की जानकारियां इकट्ठी करने लगा और अपने उच्चाधिकारियों के यह समझाने में कामयाब हो गया कि उनकी बहन जो अपने शहर से गायब हुई है, कहीं ना कहीं उसके गायब होने में ऐसे ही किसी गिरोह का हाथ है।

कुछ समय बाद नकुल रेडियो ड्यूटी से ट्रांसफर होकर थाने पर आ गया। अब तो वह सीधे तौर पर अधिकारियों के संपर्क में आ गया। हालांकि इतने सालों बाद ऐसी कोशिश करना हवा में लट्ठ मारने जैसा था। उसकी मेहनत रंग लायी और इस धंधे में संलग्न एक दलाल से संपर्क करने पर, उसे यह

तो पता लग ही गया कि दिल्ली में जो, दो औरतें शौकत की बीवियां बनकर होटल में नौकरी करती हैं, असल में दिल्ली में उच्च मध्यम वर्ग की लड़कियों को फंसाकर धंधा करवाने वालों की सरगना है। किंतु उन पर हाथ डालने का साहस किसी में नहीं था। पहले तो सीधे तौर पर कोई सबूत नहीं था, दूसरे उनके संबंध सीधे मंत्रियों एवं अधिकारियों से थे। इन सबकी जानकारियां जुटाने में नकुल को लगभग आठ नौ महीने लग गए कि यही औरतें उस धंधे में लिप्त हैं एवं दूसरी लड़कियों से भी धंधा करवाती हैं। इनकी पहुंच कानपुर में बाजी तक जाती है। देह व्यापार तक ही इनका धंधा सीमित नहीं था। हवाला का पैसा इधर से उधर करवाना, राजनीतिक दलालों की सांठगांठ करवाना और अवैध नशे का कारोबार भी इनके जरिए होता था क्योंकि यह औरतें जानती थी कि मर्द लोगों की क्या क्या आवश्यकता होती है?

दुबई पहुंचकर शान्ति अब सलमा बन गयी। उसने असीम मलिक पर इस कदर अपनी जवानी का जलवा डाला कि वह पूरी तरह बाजी और कानपुर को भूलने लगा था। कहां तो दुबई में जब कोई लड़की लाता तो बेचने की फिराक में रहता था। किंतु अब तो सलमा की गिरफ्त में रहने लगा था। कारण सलमा एक तो जवान थी ऊपर से खूबसूरत और तीसरा बाजी महल में उसने मर्दों को रिझाने के सारे गुर सीख लिए थे। किस प्रकार उनको प्यार में फंसाया जाता था।

फिर भी उसके दिल और दिमाग में एक आग थी, जो अब भी कायम थी। यहां दुबई में पूरी तरह आजाद हो चुकी थी। वह असीम मलिक की कमजोरी जान चुकी थी। वह शवाब के साथ शराब का भी दीवाना था। यहां पर सलमा असीम को हमेशा शराब में डुबो कर रखती थी। जब उसका नशा बग होता तो फिर उसके आगोश में आकर शराब पेश कर देती और इस तरह धीरे-धीरे ना सिर्फ उसके जेहन में बल्कि दिलों दिमाग पर भी राज करने लगी।

दूसरी सबसे बड़ी बात वह बीबी बन कर आयी थी, तो अधिकारिक तौर पर असीम मलिक के व्यवसाय एवं दौलत पर भी हक जमाने लगी। कुछ ही दिनों में उसने असीम मलिक के सब राज जान लिये। मलिक ने जितनी लड़कियों के सौदे दुबई में किये थे उसकी वजह से कितनी ही लड़कियां यहां पर भी बस दुखी जिंदगी जी रही थीं। उन्हें यहां पर गुलामों की जिंदगी गुजारना पड़ता था। यहां रहीस लोग जब तक चाहते उनसे खेलते और हवस पूरी होने पर उनको, उनके हाल पर छोड़ देते थे। वह बेचारी या तो किसी के घर पर नौकरानी बनकर रहतीं या फिर किसी होटल में नौकरी करके पुनः धंधा करती थी।

कानपुर में शौकत एकदम टूट चुका था। साथ में बाजी महल की रौनक फीकी पड़ने लगी थी। इसी के साथ बाजी तब्बसुम की मायूसी भी बढ़ने लगी थी। धंधा तो चालू था किंतु शान्ति के जाने से आमदनी पर असर पड़ने लगा था। खर्चा तो जैसा था वैसा ही रहा। जिस बाजी के इशारे पर नौकर चाकर गुंडे लोग और लड़कियां दौड़ी चली आती थीं, अब सब कभी-कभी कन्नी काटने लगे थे। इसका एहसास बाजी को था और उसने शौकत को इन सब बातों का दोषी मानकर पूरा गुस्सा शौकत पर निकाला। यह कमबख्त ना तो शान्ति को लाता और ना ही उसके जाने के बाद धंधे का यह हाल होता। उसने शौकत को बुलाकर उस पर सवाल जवाब के अलावा उसकी धुनाई भी स्वयं अपने हाथों से कर दी।

उसका शान्ति को लाना और अब खाली हाथ लौटना बाजी के गुस्से को बढ़ा रहा था। उस पर असीम की बेरुखी ने आग में घी का काम किया था। कहां तो यहां का निजाम उसके इशारे पर चलता था। किंतु अब इशारे पर काम होना तो दूर, लोगों के बागी होने की आहट आने लगी थी। जो लोग सालों से आजादी के लिए बेचैन थे, वहां अब महलों की तरह षड्यंत्र होने लगे थे, बाजी इन सब की जिम्मेवार स्वंय के बजाय शौकत को मान रही थीं

दिल्ली की सरगना औरतों में एक तो कुछ ज्यादा शातिर थी, उसका नाम था नजमा। उसको जैसे ही पता चला कि कानपुर में बाजी की पकड़ ढीली पड़ रही है, वह अपनी साथी नसीम के साथ कानपुर की ओर चल दी। वह चाहती थी बाजी के बाद सेवाश्रय को चलाने के लिए वह ही हकदार है क्योंकि पहले तो वह बाजी के सब राज जानती थी, दूसरे उसको इस धंधे के सब राज पता थे। लड़कियों के अलावा दूसरे धंधे में भी वह माहिर थी।

उसने आते ही बाजी को सलाह दी कि वह दुबई चली जाये, वरना असीम हाथ से निकल जाएगा। यहां का कारोबार मैं और नसीम संभाल लेंगे। उसने एक तीर से दो शिकार करने की सोची, दिल्ली में उसको पता लग गया था कि उन लोगों के विषय में पुलिस पूछताछ कर रही है। इससे पहले कि पुलिस उन तक पहुंचती उन्होंने कानपुर आने में ही अपनी भलाई समझी। यह दोनों अपने साथ कुछ लड़कियों को भी दिल्ली से कानपुर ले आयीं थीं। शौकत तो पुराना परिचित था ही, उसको उन्होंने बाजी महल के धंधे के लिए दलाली की जवाबदारी सौंप दी क्योंकि अब वह दलाली ही कर सकता था। वह गली में घूम-घूम कर ग्राहकों को ला सके। उसके साथ नजमा को थोड़ी हमदर्दी थी

          तंग गलियों के बंद दरवाजे

क्योंकि दिल्ली में वह अपने बचाव के लिए उसकी बीबी बन कर रही थी। उससे उसका अंतरंग संबंध भी था उसको शौकत के साथ धंधे करने में कोई गुरेज नहीं था।

बाजी को नजमा की सलाह अच्छी लगी कि यहां से दुबई चला जाना चाहिए। असीम के साथ आराम की जिंदगी गुजर जाएगी। वह तो वैसे ही असीम मलिक की दीवानी थी, उसके लिए कानपुर में अपना जमा जमाया कारोबार छोड़ने को तैयार हो गयी और असीम को बिना बताए दुबई आ गयी। वैसे तो कई बार आती जाती रहती है तो उसको असीम मलिक के यहां पहुंचने में कोई परेशानी नहीं हुई।

जैसे ही वह वहां पहुंची, इस बार यहां का नजारा देख कर चौंक गयी। असीम को तो सलमा के सिवा कुछ नहीं सूझ रहा था। असीम के घर में अब तो स्वयं असीम मलिक की भी नहीं चलती थी। सब कुछ सलमा ने अपने काबू में कर लिया था असीम तो बस सलमा और शराब का गुलाम था।

बाजी ने सोचा था कि जिस प्रकार से असीम की खातिरदारी वह कानपुर में करती है, उसी प्रकार से असीम भी उसकी खातिरदारी करेगा और उसे देख कर खुश होगा परंतु जैसे ही बाजी पहुंची सबसे पहले तो असीम ने पूछा- आने के पहले तुमने बताया क्यों नहीं? दूसरे आयी हो तो तुम्हें यहां कौन पूछेगा? तुम अब अधेड़ हो किसी के भी काम की नहीं हो, कोई भी शेख या शौकीन तुम्हारी फूटी कौड़ी भी नहीं देगा।

बाजी ने कहा- मेरे पास इतनी दौलत है कि मुझे किसी के पास जाकर काम मांगने की आवश्यकता नहीं है। वह तो असीम मलिक की मोहब्बत की खातिर यहां तक आयी है। वह खुद चाहे तो किसी शेख को भी खरीद सकती है।

बाजी को यही गुमान था, अब बाजी की बाजी पलट चुकी थी। यहां शान्ति का इकबाल कायम हो चुका था। फिर भी शान्ति ने अपनी ओर से कोई बेरुखी नहीं दिखाई और ना ही कोई बदसलूकी की, बस उसने असीम से इतना भर कहा कि यह हमारे साथ नहीं रह सकतीं। यहां रहना है तो कहीं और ठिकाना ढूंढ लें या फिर घूम फिर कर वापस कानपुर चली जायें।

बाजी तो यह सोच कर आयी थी कि यहां सुकून से रहेगी असीम के साथ मौज करेगी, मौज तो अब दूर की कौड़ी हो चुकी थी। अब यहां रहना है तो सलमा की मेहरबानी पर रहना होगा। वह यहां पर कोई रौब नहीं दिखा

सकती थी, ना ही वह यहां पर शान्ति को डरा सकती थी। शान्ति तो बाजी के सबसे कद्दावर गुंडे को भी नकेल डाल कर बैल बना चुकी थी। दूसरे वह यहां पर असीम की बीवी बन कर अधिकारिक रूप से आयी है। यदि उसे रहना है तो सलमा की नौकरानी बनकर रहना होगा।

वह इस पर भी राजी थी किंतु क्या असीम उससे मोहब्बत करेगा। यह तो शौकत से भी ज्यादा निकम्मा निकला। वह अब तो पाला हुआ सर्कस का शेर रह गया है। जैसे ही शान्ति ने असीम से कहा यह हमारे साथ नहीं रहेगी। वैसे ही असीम बोला- तबस्सुम, तुम यहां पर अब एक सेकंड भी नहीं रूक सकती हो, यह हमारी बेगम का हुकुम है।

बाजी को भी जैसे काटो तो खून नहीं, एकदम सन्न रह गयी। वह तो यह सोच कर चली थी, असीम की बेगम बनकर रहेगी क्योंकि वह असीम से बहुत प्यार करती थी और बरसों से कर रही है। उसके अलावा वह देह व्यापार करवाती थी परंतु उसने स्वयं कभी धंधा नहीं किया। अब वह करेगी क्या? क्योंकि वह कानपुर भी नहीं जाना चाहती थी और यहां रहने का ठिकाना उठ चुका था। वह तो कटी पतंग बन कर रह गयी है।

उधर कानपुर में अब नजमा बाजी बन चुकी थी और नसीम आपा, इन दोनों ने कानपुर का सब कुछ हथिया लिया था इनका काम करने का तरीका अलग था। वह किसी पर रौब या रुतबा जमा कर नहीं बल्कि सबसे मिलजुल कर व्यवसाय करना जानती थी। बाजी का तो सब कुछ लड़कियों के धंधे पर चलता था किंतु इन दोनों ने आते ही दूसरे धंधे शुरू कर दिये थे। खासकर नशे का कारोबार वह लोगों को नशा भी कराने लगी थीं। उसकी वजह से एक बार फिर बाजी महल की कानपुर में तूती बोलने लगी।

नजमा की चाल थी तबस्सुम को बेदखल करना और उसकी सम्पत्ति पर कब्जा करना। उसके लिए दोनों की चाल कामयाब हो गयी। कहते हैं काली कमाई, हराम की कमाई, एक दिन धोखा दे ही जाती है, तो बाजी के लिए यह सबसे बड़ा धोखा था। कभी बाजी इन दोनों औरतों पर राज करती थीं लेकिन आज वह मोहताज हो चुकी थीं। अपने ही निजाम या अपने ही इकबाल से हाथ धो बैठी थीं। ना तो वह कानपुर की रही और ना ही वह दुबई की। ना ही अपना खोया वजूद पा सकीं। प्यार भी धोखा दे गया जिसके ऊपर सबसे ज्यादा एतबार था, वह हाथ से गया ही प्यार भी चला गया। शतरंज की तरह एक छोटी सी गलती और गलत सलाह सबसे बड़ी दुश्मन होती है। वह नजमा

की गलत सलाह के झांसे में आ गयीं थी।

कानपुर का सेवाश्रय अब नशे के कारोबार का ठिकाना बन गया उससे एक फायदा यह हुआ कि अब नजमा बाजी ''लेडी डॉन'' बन गयी। उसने अपने धंधे में सबको शामिल कर अपनी पैठ मजबूत कर ली। साथ में जो कुछ भी बाजी तबस्सुम का था, उसको भी उसने हथिया कर कब्जा कर लिया।

शान्ति के निकलने के वक्त नकुल एक बच्चा था। वह अब दिल्ली का एक दबंग पुलिस ऑफिसर बन चुका था। उसके काम और मेहनत के कारण समय से पहले ही पदोन्नत करके एस. पी. क्राइम ब्रांच बना दिया गया। जैसे ही उसको पता लगा कि जो औरतें धंधे में लिप्त थीं, दिल्ली छोड़कर दूसरी जगह चली गयी हैं, तो उसने जल्दी ही पता लगा लिया इस धंधे की सरगना नजमा और नसीम कानपुर में हैं। उसने भी कानपुर जाने का मन बना लिया क्योंकि नकुल का मन कह रहा था कि उसकी दीदी के गायब होने में कहीं ना कहीं इन औरतों का हाथ अवश्य है।

इसी बीच शौकत का कथित दोस्त असलम नशे के सामान के साथ पकड़ा गया और नकुल के सामने पेश किया गया वह अपराधिक प्रवृत्ति का तो था नहीं, जब जरूरत पड़ती तो दलाली के साथ नशे का सामान इधर से उधर करता था। उसको पुलिस थाने में पहली मर्तबा लाया गया, तो उसने सब जानकारियां पुलिस को देने में ही भलाई समझी क्योंकि वह काफी डरपोक किस्म का व्यक्ति था। नजमा और नसीम की जानकारी पुलिस को दे दी कि यहां पर भी लड़कियों का कारोबार किस तरह करती थीं। उसकी शिनाख्त पर कई लड़कियां पकड़ी गयीं, जो इस धंधे में लिप्त थी और नसीम को जैसे ही पुलिस की भनक लगी वह अपना सब कुछ छोड़ कर कानपुर चली गयी।

अब असलम ने लगभग सभी के विषय में जानकारी पुलिस को दी। इससे प्रसन्न होकर नकुल ने उसको सरकारी गवाह बनाने की पेशकश कर दी कि यदि वह पुलिस को सही सही जानकारी देगा, तो उसे बचा लिया जाएगा, किसी प्रकार की सजा नहीं होने देंगे। पूछतांछ के दौरान असलम ने शौकत का भी नाम लिया और बताया कि आज से ४ वर्ष पहले एक शान्ति नाम की लड़की को लाया था। जिसको उसी ने ठिकाना दिया था। वह अब कहां है उसे मालूम नहीं?

नकुल को अब तो विश्वास हो गया कि उसकी दीदी को धंधे में धकेल दिया गया है। अब यदि शान्ति मिल भी गई तो उसे उसके साथ किस तरीके से पेश आना चाहिए। एक पुलिस अफसर या फिर छोटा भाई? वास्तव में उसकी

बहन एक तवायफ हो गयी है।

असलम ने यह जरूर बताया कि उस समय तो शौकत शान्ति को लेकर कानपुर गया था, आज वह किस स्थिति में, कहां है नहीं जानता? बस दिल्ली की खबर कानपुर में बाजी को देता था, अब उनकी खबर पुलिस को देने लगा। नकुल ने भी उसको इस शर्त पर छुड़वा लिया कि नजमा और नसीम की हर स्थिति की खबर उस तक पहुंचाई जाए और पुख्ता जानकारी पुलिस को दी जाए।

वैसे सभी उच्च अधिकारियों को पता था की देह व्यापार और अनैतिक धंधे चलते ही हैं। नकुल से किसी ने कहा- ये तो चलते ही रहते हैं, कौन सी नई बात है। यह तो सब होता ही रहता है, अभी तुम्हारी नौकरी नई है, नये-नये अफसर बने हो और चाहो तुम भी मौज करो और हो सके तो जमके वसूली काटो, आगे अपने बड़े-बड़े आकाओं को भी खुश करना है। यदि तुम सोचोगे कि इस बुराई को खत्म कर दोगे, तो यह तो नामुमकिन है। एक को पकड़ो तो दो तैयार हो जाएंगी, दो को पकड़ोगे तो दस हो जाएंगी। उनकी भी अपनी मर्जी और मौज होती है। कई तो अपनी मर्जी से इस धंधे में आती हैं क्यों और कैसे सबकी अपनी-अपनी कहानी है। कुछ मजबूरी में तो कुछ मौज के लिए, जिसको एक बार पैसे और नशे का चस्का लगा, तो वह आखरी दम तक छूटता नहीं है। तुम अपना पद और पुलिस ओहदा का सही इस्तेमाल करो। वरना यह ऐसा जुर्म है जिसको कोर्ट तक ले जाने में अच्छे अच्छों को डर लगता है क्योंकि पहले तो जुर्म कबूल करवाना, बाद में गवाहों को एक करना बहुत ही जटिल कार्य है। आगे तू जाने, हम तो तुम्हें सही सलाह दे रहे हैं।

नकुल बोला- मुझे अपनी दीदी का पता लगाना है कि वह किन हालातों में जी रही है। वह इस दुनिया में है भी या नहीं, मैं यह भी नहीं जानता? मेरा पुलिस नौकरी में आने का मुख्य उद्देश्य यही है कि अपनी बहन का पता लगाया जाये।

कानपुर में नजमा और नसीम का धंधा चरम पर पहुंच चुका था। फिर दोनों ने सेवाश्रय को क्लब बना दिया था। यहां तक कि बिना किसी हील हुज्जत के उन्हें शराब के बार का लाइसेंस भी मिल गया था। शहर के बड़े-बड़े लोगों की खूब आवाजाही हो गयी थी। बाजी महल और सेवाश्रय में लोग खुश थे ही, साथ में लोग बाहर से आते थे वह भी खुश होकर जाते थे। क्योंकि यहां खूब नशा, नाच एवं मनोरंजन का लुफ्त उठाते थे, यहां का नजारा भी दिलकश होता

था। नजमा खूब पैसे कमा रही थी और नसीम आपा समझो पैसे बटोर रही थी।

अब तो लोग बाजी तबस्सुम को लगभग भूल चुके थे। यहां तक कि वहां लड़कियां जो एक बार इस दिलकश नजारे को देखती या खुशगवार माहौल में आ जातीं तो स्वयं यहां का हिस्सा बन जाती थीं। कारण था नशा! धंधे ने आधुनिकीकरण कर इवेंट का रूप ले लिया था।

रोज पार्टियां होने लगीं थीं। नजमा नए-नए इवेंट करवाने लगी थी। नजमा बाजी की शान और शौकत देखते ही बनती थी। तभी उसको खबर लगी जो पुलिस दिल्ली में उसका पता लगा रही थी, अब कानपुर का रुख कर लिया है, वह काफी सचेत होकर काम करने लगी। वैसे नजमा को होटलों एवं बार का काफी अनुभव होने से अपना बचाव करना आता था। अब उसने राजनीतिक पार्टियों में भी शिरकत करने का विचार किया और पहले छोटे नेताओं को अपने क्लब का सदस्य बनाया। फिर एक मंत्री को फंसाया इस प्रकार उसका राजनीति में दखल बढ़ने लगा और नसीम की किस्मत चमकने लगी थी।

इधर दुबई में तबस्सुम के सितारे गर्दिश में होने के कारण वह बर्बादी के कगार पर पहुंच गयी थी। दूसरी ओर सलमा के सितारे बुलंदियों पर पहुंच गये, एक रानी से नौकरानी, तो दूसरी गुलामी से आजाद होकर खुले आकाश में उड़ाने भरने लगी। दोनों का कारण और कड़ी एक ही थी असीम मलिक।

एक ने मलिक का प्यार खोया, तो दूसरी दिल के करीब होने से दिल की मलिका बन गयी। तबस्सुम दिल के करीब होते हुए भी अब दिलजली बन गयी थी, यह सब नसीबो का खेल है। तबस्सुम ना दीन की रही और ना ही दुनिया की। उसने कई दफा कोशिश की कि वह वापस मलिक के पास पहुंच जाये। मलिक चाहे तो अपने दिल में नहीं, पर घर में ही कनीज की थोड़ी सी जगह दे दे, या यूं कहें थोड़ी पनाह दे दे लेकिन शांति उर्फ सलमा के होते हुए यह नामुमकिन था। असल में असीम मलिक ने भी शौकत की तरह तबस्सुम को इस धंधे में लगाया था, उसने बाजी से प्यार तो कभी किया ही नहीं था।

इधर नजमा के कारण शौकत की जिंदगी में थोड़ा बदलाव जरूर आया, वह गुलामी से बचकर साधारण जीवन जीने लगा था। हां, दलाली से कुछ आय होने लगी थी, दूसरे नजमा से संबंधों के कारण उसको जो तबस्सुम बाजी के सामने भुगतना पड़ा था और जो डर था वह लगभग चला गया। दूसरी ओर उसकी बीबी उसे छोड़कर किसी और के साथ रहने लगी, तो घर का रास्ता भी बंद हो गया था। बस अब तंग गलियों से जो गुजर बसर कर सकता था

वह करने लगा। सेवाश्रय में पनाह जरूर मिल गई किंतु सुकून और शान्ति चली गयी थी।

असलम की वजह से नकुल को काफी कुछ पता चल गया, किस प्रकार से लड़कियों को शौकत जैसे लड़के फंसाकर, दिल्ली कानपुर की तंग गलियों में लाकर, बंद दरवाजों के पीछे धकेल देते थे। उसके बाद उन लड़कियों के लिये धंधा करना या यातनाओं को झेलना ही बाकी रह जाता था। जब तक कि वे राजी खुशी से इस धंधे में शामिल नहीं हो जाती थीं।

शांति एक अकेली नहीं थी, जो इन लोगों की शिकार बनी कई और भी लड़कियां थीं, जो इसको ही अपना समझ कर रहने लगी थीं, कुछ दिल्ली कानपुर के अलावा अलग-अलग शहरों में बेची गयीं थीं या फिर दुबई भेज दी गयीं।

शान्ति के मन की आग और इस धंधे से निकलने की आस ने बदलाव का रास्ता दिखाया था। शान्ति ने तो असीम मलिक का दिल जीत लिया था फिर भी उसका मन अशांत रहने लगा, बार-बार कुछ अलग करने का सोचने लगी। उसके पास सब सुख सुविधायें थीं, मलिक जैसा एक ताकतवर जीवन साथी था। किंतु दिल तो अपने परिवार, अपने शहर, अपने माता-पिता के लिए हमेशा तड़पता रहता था। वह चाहती थी किसी प्रकार से वह घर वापसी कर ले, लेकिन इतने सालों कहां रही, क्या करती रही, क्या अपने माता-पिता भाइयों को यह सब बता पाएगी? किस तरह लोगों के हाथों का खिलौना रही, धंधे में लिप्त थी।

फिर सोचती अब तो वह शानो शौकत से रह रही है, परिवार वाले सब कुछ सहन कर चुके होंगे। उसकी यातना और दुश्सवारियों को सुनकर कैसा महसूस करेंगे? वह अपने चार पांच वर्षों का हाल किस प्रकार बता पाएगी?

क्या भाई भाभी इसके लिए माफ करेंगे। दोषी तो वह खुद है मां-बाप को धोखा देकर घर से भागी थी। उस समय उसका दिल दिमाग संतोष या शौकत के प्यार में पागल था किंतु उसको भी तो अच्छे बुरे का ख्याल होना चाहिए था। अब तो वह काफी परिपक्व हो चुकी थी, वैसी नादान नहीं थी, जैसी वह घर से निकली थी बिना सोचे समझे।

शांति का वह उत्साह एकदम समाप्त हो गया था जैसा कि उसमें शौकत के साथ यूं कहें संतोष के साथ दिल्ली आने के समय था। अब वह धीर गंभीर और दिल में बदले की आग के साथ जी रही थी। सोचती किस से बदला

लेना है, शौकत से, बाजी से या फिर इस समाज के कर्णधारों से, जिन्होंने यह व्यवस्था बनाई है, या फिर उस पुरुष वर्ग से जो अपनी हवस, अपनी ख्वाहिश और अपने मनोरंजन के लिए लड़कियों का इस प्रकार इस्तेमाल करते हैं? पुरुष भोक्ता है और औरतें भुगतती हैं। उसके बाद उसे उसके हाल पर छोड़ देते हैं। कोई प्यार नहीं, बस प्यार का नाटक कुछ पलों के लिए करते हैं। उनके लिए औरत तो बस खिलौना है, दिल बहलाने की एक वस्तु और कुछ नहीं, एक से दिल भरा दूसरा ले लिया। इस प्रकार वह वस्तु है, बेजान है। उसके अपने अरमान, अपनी ख्वाहिशें, अपने सपने कुछ भी नहीं। शौकत ने भी उसके रंगीन सपने के साथ खेला नहीं तो और क्या किया?

शान्ति को समझ में आ रहा था कि मां-बाप का प्यार व परिवार की व्यवस्था एक लड़की को किस प्रकार सुरक्षित बनाती है, ताकतवर बनाती है। आज यदि मां-बाप की बात मानती तो इस प्रकार इस धंधे में संलग्न रहने की बजाए किसी अच्छे परिवार की बहू बनकर रह रही होती और मां बाप की बेटी तो हमेशा ही बनी रहती। अब ना तो वह किसी की बहू बन सकी, ना ही किसी की बेटी कहलाने की रही। बस किसी की बेगम बन कर रह गयी, वो भी किस्मत से वरना तबस्सुम और शौकत ने तो उसको कहीं का नहीं छोड़ा था। वह तंग गलियों की सैर तक नहीं कर सकी थी। उसके लिए तो सब दरवाजे बंद थे, बस दरवाजे तो ग्राहकों के लिए खुलते थे।

आज सब कुछ अच्छा होते हुए भी, जो आग शौकत ने लगायी थी वह बुझ नहीं रही थी। उसकी तपिश के आगे सारी शानो शौकत ठंडी थी। सालों उपरांत आज वह पहली बार अपने एवं परिवार के बारे में सोचने लगी। मेरा छोटू कैसा होगा, भैया लोग कैसे हैं? माता-पिता शायद हैं कि नहीं, उसने तो उन्हें कहीं का नहीं छोड़ा था। बीमार हैं या दुखी हैं, या फिर नहीं है? यही सोच कर उसका दिल और दिमाग दोनों द्वंद कर रहे थे। मन तो कह रहा था ठीक ही होंगे किंतु यदि सामना हुआ तो इतने सालों बाद पहचानेंगे या फिर दुत्कार कर घर से भगा देंगे।

भाभी भैया तो शायद ही सीधे मुंह बात करेंगे। बस जाने क्यों उसे लग रहा था कि छोटू जरूर प्यार से पेश आएगा क्योंकि उसका सोना-बैठना, हंसना-चिल्लाना, मस्ती करना सब कुछ छोटू के साथ ही होता था। दोनों साथ रहते थे एक ही कमरे में, उससे दो साल ही तो छोटा है। छोटू का चेहरा सामने आते ही आंखों से आंसू बहने लगे थे।

आज क्यों याद आयी क्योंकि आज रक्षाबंधन था। वह दिन भर रोती रही ना तो किसी से बात की और ना ही कुछ खाया पिया। बस घर परिवार और भाइयों के बारे में सोचती रही। काश! शौकत या संतोष के कहने में नहीं आयी होती, तो आज रक्षाबंधन का त्यौहार खुशी से परिवार के साथ मना रही होती। रोने के बजाय पूरा घर मस्ती से झूम रहा होता। यहां तक कि असीम मलिक ने दो बार बुलाया तो हां या ना का जवाब भी नहीं दिया।

शान्ति के जाने के बाद ठीक ६ बरस बाद घर में रक्षाबंधन का त्यौहार मनाया जा रहा था। बहन तो थी नहीं छोटू अपनी भतीजी को कंधे पर लेकर घूम रहा था। वर्षों बाद घर में चहल-पहल थी क्योंकि अब शान्ति की जगह उसकी भतीजी नन्ही शांति ने जो ले ली थी। छोटू मुश्किल से दो दिनों की छुट्टी लेकर आया था, वह वैसी ही मस्ती कर रहा था, जैसी वह शान्ति के साथ किया करता था। हर १०-१५ मिनट में छोटू के हाव-भाव बदल जाते थे छोटू यानि कि नकुल कभी अपनी पुलिसिया वाली स्टाइल में आ जाता, तो कभी चंचल छोटू शान्ति का भाई बन जाता था। नन्ही भतीजी को लेकर दिन भर घूमता रहा। कई दिनों से नौकरी की व्यस्तता के कारण वह अपने घर में कोई भी त्यौहार नहीं मना पाया था। यहां तक कि होली दिवाली पर भी दूसरे अधिकारी गण छुट्टी पर जाते, तो वह सहर्ष कहता कि जाइए मेरी तो होली दिवाली सर मेरी ड्यूटी है। उसका ध्यान तो सिर्फ एक बात में लगा रहता था कि बहन शान्ति का कोई सुराग मिल जाए, बस उसकी नौकरी पूरी हो जाएगी। फिर वह नौकरी से इस्तीफा देकर कुछ और करेगा शायद कोई व्यवसाय ही क्यों ना करे।

उसे आज भी याद है जब शान्ति गयी थी, तो पहली रक्षाबंधन पर कितना रोया था, यहां तक कि खाना भी नहीं खाया था। उसका कारण था कि शान्ति के जाने की वजह, वह अपने आप को मानता था। जिसके कारण बहन को घर छोड़ना पड़ा था, अभी तक वह अपने आप को उस दोष से मुक्त नहीं कर पाया था। एक बार सुराग मिल जाए और दीदी को देख ले यही आरजू लिए कभी रक्षाबंधन पर घर पर रहना उचित नहीं समझा। रक्षाबंधन क्या किसी भी त्यौहार पर वह घर नहीं आया था।

आज तो उसकी भाभी ने विशेष कर बोला था कि छोटू भैया, तुमको तुम्हारी छोटी शान्ति राखी बांधेगी और उसने फोन पर छोटू से भतीजी की बात करवायी थी। उसने तोतली आवाज में कहा था- चाचू, आप आ जाइए मुझे लाखी बांधना है। बस वह अपने आप को रोक नहीं सका था।

     तंग गलियों के बंद दरवाजे

जैसे ही छोटी शान्ति ने नकुल की कलाई पर राखी बांधी, छोटू फूट-फूट कर रोने लगा। आज वह पुलिस अधीक्षक नही, वही पुराना छोटू लग रहा था। बस उसकी चंचलता और मस्ती गायब हो चुकी थी। थोड़ी देर के लिए माहौल वही पुराना हो गया, जब शान्ति ने घर छोड़ा था। यहां तक कि चाचा-चाची भी जो काफी सम्हल गए थे शान्ति की याद में डूब गये।

नन्हीं शान्ति टुकुर-टुकुर देख रही थी कि यह क्या हो गया अभी तक तो घूम-घूम कर हंस रहे थे। भाभियों ने समझाया, भैया अब तो शान्ति दीदी शायद ही दुनिया में हैं? नहीं तो इतने बरसों बाद भी क्या उनको हमारी याद नहीं आती। हमारे ऊपर दया नहीं आयी, ऐसा कौन सा पाप हमसे हो गया कि हमारे घर की बिटिया रानी हमारी ही दुश्मन हो गयी। यदि जीवित होती तो कुछ तो पूछ परख करतीं, अब तो फोन की सुविधा भी है, चाहती तो एक बार फोन करके माताजी पिताजी से बात कर लेती, कम से कम कुशलता का समाचार मिल जाता। हम लोग जैसा अब तक सब्र किया, आगे भी तसल्ली करके बैठ जाते, ईश्वर से बस यही प्रार्थना है जहां भी रहे खुश रहें बस।

उधर तबस्सुम बाजी को दुबई में कोई ठौर ठिकाना नहीं मिला, तो उसने वापस इंडिया आकर कानपुर का रुख किया। वह जैसे-तैसे कानपुर तो पहुंच गयी किंतु उसे विश्वास ही नहीं हो रहा था। वहां पर बाजीमहल या सेवाश्रय का कायाकल्प हो चुका है। वह तो नई बिल्डिंग देखकर हैरान रह गयी। थोड़ी देर के लिए उसके चेहरे पर चमक आ गयी। वाह! नजमा तुमने मेरी पीठ पीछे क्या शानदार काम किया है।

जैसे ही उसने खुश होकर बाजीमहल के दरवाजे पर कदम रखा दरबान ने उसे रोक दिया। तबस्सुम ने अपना परिचय दिया कि मैं ही बाजी हूं इस हवेली की असली मालकिन। अपनी मालकिन से कहो मैं आयी हूं।

दरबान ने पहचानने से इंकार कर दिया और नौकर से खबर भिजवाई की कोई बाजी आयीं हैं, जो अपने आपको असली मालकिन बता रही हैं। जैसे ही अंदर खबर पहुंची तो सबसे पहले नसीम सकुचाई और सोचने लगी, अब तो यह दौलत जो बटोरी है वह तबस्सुम आकर छीन लेगी, आखिर धंधे की बुनियाद तो उसने ही डाली है। खैर, उसने तबस्सुम से पहले मिलने के बजाय नजमा बाजी को खबर करी, जो किसी मंत्री के साथ बैठी थीं।

नजमा ने कहा- उसको बोलो रात आठ बजे आए, अभी तो फुर्सत नहीं है, इंतजार करे।

नौकर ने आकर कहा- आप रात आठ बजे आइएगा, मैडम अभी मंत्री जी के साथ राजनीति पर बातें कर रही हैं।

उस वक्त छः बजे थे। कहां तो उसने सोचा था कि नजमा आकर उसे गले लगा लेगी। लेकिन यह क्या, अब तो मुझे दो घंटे बाहर तंग गलियों में इंतजार करना पड़ेगा। वह जैसे ही पलटी उसकी नजर शौकत पर पड़ गयी, जो बहुत ही गंदे कपड़ों में नशे की हालत में घूम रहा था। नजमा ने अपने सारे दलालों को नशेड़ी बना दिया था। नशा यानी कोकीन का गुलाम। उन्हें नशे का सामान बेचना, उस पर उन्हें कमीशन के तौर पर नशा करते रहने के लिए कोकीन ही देती थी। अब तबस्सुम के चेहरे पर हवाईयां उड़ने लगी यह कितना हट्टा कट्टा जोशीला जवान था। हमेशा लड़कियों पर जादू करता, उन्हें फंसा कर लाता था। आज लग रहा है कि कोई यतीम घूम रहा है। शायद इसकी बीवी भी छोड़ कर चली गयी है। अब तो वह बूढ़ा दलाल लग रहा था।

वह तबस्सुम के पास आकर रुका और जैसे ही पहचाना एक बार तो घबरा गया कि यदि यह जालिम वापस आ गयी है, तो उसकी शामत आ गई समझो। नजमा तो कम से कम खाने और नशे के लिए कुछ देती है, यह तो जो ना करें सो कम है।

उसने पूछा- कैसी हो बाजी? उसको बाहर देख कर ही शौकत की बात करने की हिम्मत हो गई थी वरना जब बाजी महल में होती थी, तो शायद ही शौकत की बात करने की हिम्मत होती। जितना पूछो उतना ही बोलना होता था। उसे बाजी के पुराने निजाम की याद आ गयी।

तबस्सुम ने भी शौकत को पहचाना और बोली- तुम्हारी मालकिन के तो ठाट हो गए हैं। मैं क्या गयी वह तो सब की मालकिन बन बैठी मुझसे कहा है आठ बजे तक फुर्सत नहीं है बाहर ही रहूं।

शौकत बोला- हां, रात आठ बजे वह सब से मिलती हैं, मिलना क्या सबको दिन भर की दिहाड़ी देती हैं, अंदर वालों को तो वह महीने से तनख्वाह देती हैं। मेरे जैसे लोग, शायद अब तो मेरे जैसे मैं तुम भी हो, दिन की दिहाड़ी और साथ में एक कोकीन की पुड़िया देती हैं। बाजी तुम भी पुड़िया जरूर लेना। हां, तुम्हें नहीं लेना हो, तो उसे लेकर मुझे दे देना। तुम्हारी पुड़िया मैं ले लूंगा और पैसे तुम ले लेना। बाजी कोकीन की पुड़िया जरूर लेना।

तबस्सुम को कुछ समझ नहीं आ रहा था। कहां तो सोच रही थी कि दुबई में ठोकर खायी अब वापस आकर राज करूंगी, यहां राज तो दूर, रात

गुजारना भी मुश्किल है।

तबस्सुम ने शौकत से पूछा- तुम्हारे बच्चों के क्या हाल हैं?

शौकत बोला- बाजी, जब वक्त खराब हो तो कोई साथ नहीं देता, मुश्किल वक्त में साया भी साथ छोड़ देता है। हाजरा ने किसी और से निकाह कर लिया है। मेरी तो बस यह तंग गलियां ही बस्ती हैं, मुकाम हैं और मुक़द्दर भी शायद, अपन को दफन भी यहीं कहीं कोई कर देगा। बाजी, तुम्हारा जमाना और था, लाश कब कहां ठिकाने लगा देती थीं, किसी को कानों कान खबर नहीं होती थी। तुम क्या गयीं, सब कुछ बदल गया। तुम्हें शायद ही नजमा मकान में ठिकाना दे, यदि चाहो तो किसी घर में झाड़ू पोंछा कर सकती हो।

ऐसी बातें सुनकर तबस्सुम का चेहरा तमतमा गया और गुस्से से बोली- शौकत, तुम्हारी हिम्मत कैसे हुई ऐसी बातें करने की। क्या तुम मेरा गुस्सा भूल गए, तुम्हें याद नहीं पार्सल की तरह उठवा कर दिल्ली से लाया गया था। तुम यह क्यों भूल जाते हो यह सब मेरी मिल्कियत है, मैं आगे भी रहूंगी और आज भी इस हवेली की मालकिन हूं। मुझे एक बार हवेली में जाने का मौका तो मिले, फिर तुम देखना मैं क्या कर सकती हूं।

आने जाने वाले इन्हें देख रहे थे। कुछ थे जिन्होंने तबस्सुम का वह समय भी देखा था, जब वह महारानी की तरह हवेली में राज किया करती थी। मजाल था कि कोई आंख उठा कर देख ले। सब नजर झुका के चलते थे। अब लोग देख क्या रहे हैं, घूर रहे थे। कुछ लोगों ने बात करने की कोशिश की तो बाजी ने मुंह फेर लिया।

रात आठ बजे के वक्त नजमा यहां पर खुद आकर दलालों एवं यात्रियों को पुड़िया की बख्शीश देती थी। दिहाड़ी का हिसाब किताब तो नसीम आपा रखती थीं। कोकीन का कंट्रोल नजमा बाजी ने अपने हाथों में ले रखा था। जो लोग बेच कर आते उनसे पैसे नसीमा आपा इकट्ठे करती थीं और जब इशारा करतीं, तो नजमा उसको पुड़िया देकर कहतीं, कल और अच्छा करना तुम्हारा धंधा अच्छा चलेगा। तुम सबकी मेहनत से ही यह हवेली आबाद रहेगी, वरना पहले की तरह सिर्फ लड़कियों की सिसकियां सुनाई देंगी।

अब हवेली में आने का कोई समय नहीं था। हवेली अब क्लब थी, दिन भर लोगों की आवाजाही लगी रहती थी। कोई ताश खेलने आता, कोई नशा करने आता, तो कोई अपनी हवस शांत करने आता और चुपचाप चला जाता। अब हवेली जिस्म फरोशी का अड्डा नहीं बल्कि हर आधुनिक बुराई का ठिकाना

बन गयी थी।

शौकत का नजमा के साथ कई दिनों तक संबंध रहा था, उन्हीं संबंधों के कारण कभी नजमा ने कहा था, कि पहले तो तबस्सुम आएगी नहीं, आएगी तो हवेली में झाड़ू पोंछा करेगी, इसके सिवा उसका यहां कोई वजूद नहीं रहेगा। इसी बात को याद करके शौकत ने बाजी से बोल दिया कि यदि तुम चाहो तो किसी घर में झाड़ू पोंछा कर सकती हो। इसके आगे यहां पर तुम्हारी कोई भी हैसियत नहीं।

तबस्सुम तिल मिलाकर रह गयी। जैसे-तैसे तबस्सुम ने इन दो घंटों का वक्त काटा, सिर्फ यह सोचकर कुछ भी कर ले पर नसीम मुझे बेइज्जत नहीं होने देगी। आखिर मैंने भी तो उसके लिए बहुत कुछ किया है।

जैसे ही आठ बजने को आए वहां लोगों की भीड़ जमा होने लगी थी। कल जो लोग तबस्सुम को जानते थे, उनमें से कुछ नजरें बचाकर जा रहे थे, तो कुछ उसे घूर रहे थे। एक-एक कर हवेली में जाते और खुश होकर बाहर आते।

किसी ने नहीं कहा कि तुम भी अंदर चलो, बस उसे हटाकर लोग आना-जाना कर रहे थे, यहां तक तो ठीक था, पर दो-तीन लोग धक्का देकर भी अंदर चले गए। शौकत भी जाने को तैयार हुआ, उसके साथ तबस्सुम भी जाने लगी लेकिन फिर दरबान ने उसे रोक दिया। क्योंकि जो भी आता वह अपना नाम एवं कोई कोड वर्ड दरबान को बताता तो ही अंदर जाता था। यह बात तबस्सुम को पता नहीं थी। जब कई लोग अंदर बाहर हो गये, तब एक नौकर ने आकर इशारा किया, उस औरत को भी अंदर आने दो, तो दरबान ने उसे अंदर जाने दिया।

जैसे ही वह अंदर गयी तो सबसे पहले नसीम आपा ने पूछा- बाजी हमारे लिए दुबई से क्या नजराना लेकर आयी हो? यह लोग तो चंद रुपयों के साथ आए थे और इनाम में सब पुड़िया लेकर चले गये। आज का उनका काम खत्म कल सुबह जिसको धंधा करना होगा वह ठिकाने से माल ले जाएगा। ठिकाना तो कहीं और है, यहां तो बस बख्शीश दी जाती है। नजमा बाजी तुमको भी कुछ ना कुछ बख्शीश देगी जाओ और उससे मिल लो।

जैसे ही तबस्सुम अंदर गयी तो देखा कि नजमा उसकी आराम कुर्सी पर बैठी हुई मुस्कुरा रही है। वह बोली- वापस क्यों आयी हो? तुमने जो काली कमाई करी थी, मजबूर बेबस लड़कियों की सिसकियों और आहों के बदले, वह तो कभी की खत्म हो गयी। हवेली को नई बनाने में और कुछ पैसा धंधे में

लग गया। हवेली का कायाकल्प हो चुका है तुमने देखा ही होगा?

तबस्सुम बोली - हां, वह तो देख ही रही हूं।

नजमा बाजी ने पलट कर कहा- अब यहां लोग मजबूरी में नहीं खुशी के साथ काम करते हैं। सब हंसते हुए आते हैं और खुश हो कर जाते हैं। जैसा भी ग्राहक हो, इश्क का मारा, मनोरंजन का या नशे का भूखा, यहां हर एक की भूख का इंतजाम है। आजकल यदि आगे बढ़ना है तो एक धंधे से काम नहीं चलेगा। कई काम करना पड़ते हैं, आजकल कारपोरेट का जमाना है। यहां शौकत जैसा कोई लड़की को फंसाकर नहीं लाता बल्कि बड़े घर की लड़कियां आगे होकर मस्ती और मौज करती हैं, नशा करती हैं, नाचती गाती हैं, यहां तक कि अपनी हवस भी मिटाती हैं। कुछ तो कमाकर भी ले जाती हैं। कोई जोर जबरजस्ती नहीं है, ना ही तुम्हारी तरह मैंने कोई गुंडे पाले हैं। सबकी अपनी-अपनी खुशी, सबकी अपनी-अपनी हिस्सेदारी, यही कारपोरेट क्लब है।

तबस्सुम उसका मुंह ताके जा रही थी। इससे पहले कि तबस्सुम कुछ कहती नजमा खुद ही बोली- अरे! बाजी तुमने आने का कष्ट क्यों किया, मुझे खबर की होती तो तुम्हें लेने के लिए दिल्ली ही किसी को भेज देती। आखिर दुबई से आ रही हो खाली तो आओगी नहीं जरूर सोना लेकर आयी होगी। इतनी रिस्क उठाई कि अकेली चली आयी रास्ते में तुम्हारे साथ लूट हो जाती तो?

इतना सुनकर तबस्सुम आश्चर्य में पड़ गयी आखिर नजमा चाहती क्या है?

तबस्सुम ने जैसे ही पास की कुर्सी पर जाकर बैठने की चेष्टा की तो नजमा बोली- अरे! तुम तो पांच मिनट में ही थक गयी हो। तुम्हारे सामने तो लोग घंटों खड़े रहते थे, पर तुम किसी को भी अपनी बगल में नहीं बिठाती थीं, सिर्फ मलिक साहब के। अरे, बताओ तुम्हारे मलिक साहब के क्या हाल हैं? उनको भी साथ लाती तो शराब के बदले उन्हें कोकीन का जायका चखाती। मैंने तुम्हारी हवेली में जान फूंकी है इसके लिए मैंने और नसीम आपा ने दिन रात मेहनत की है। तरक्की के लिए नए-नए प्रयोग करती रहती हूं । तुम्हारी तरह बैठ कर पैसे नहीं गिनती, लड़कियों की दलाली नहीं खाती, उनकी कमाई पर हक नहीं जमाती, बेचारी लड़कियों ने जिस्म बेचकर जो कमाया उसे तो तुम डकार लिया करती थीं। उनके हिस्से में तो बस सिसकी और आहें ही आती थीं। इस धंधे में कईयों का तो जिस्म भी गया और जान भी, पता ही नहीं चला

बेचारी कब दुनिया से अलविदा हो गयी।

नजमा को सब पता था तबस्सुम के साथ दुबई में क्या हुआ, वह जान बूझकर अनाप-शनाप बक रही थी। उसे जलाने के लिए पूछ बैठी अरे! उसका क्या हाल है जो तुम्हारे आशिक के साथ गयी थी, क्या नाम था उसका, शान्ति या सलमा?

हां, अब तो सलमा, वह तुम्हारे मलिक साहब ने उसे किसी शेख के हवाले कर दिया होगा। उसके बदले अच्छी मोटी रकम ले ली होगी। उसका भी तो कुछ हिस्सा मिला होगा।

तबस्सुम ने कहा- वाह! मेरी कुर्सी पर बैठी हो और मुझे अपने ही कमरे में बैठने तक का पूछ नहीं रही हो, तुम इतनी नमक हराम होगी, मुझे इस बात का इल्म नहीं था, वरना तुम्हें एक मिनट भी हवेली तो क्या, कानपुर में टिकने नहीं देती।

जो नजमा अब तक तानेबाजी में बात कर रही थी, नमक हराम सुनकर उठी और तबस्सुम के गालों पर चाटों की झड़ी लगा दी।

नमक हराम कहती है, तू खुद हरामखोर है, लड़कियों की मेहनत और जिस्मफरोशी पर जिंदा रह कर, अपना निजाम चलाती थी और महारानी की तरह ऐश कर रही थी। तू तो अपने आशिक के सिवाय किसी और के साथ नहीं रही, तुझे क्या पता धंधा क्या होता है, खुद करती तो पता चलता? धंधा करने में और करवाने में बहुत बड़ा फर्क है। तूने जो कुछ भी किया दूसरों के बल पर किया, शौकत लड़कियां लाता था और दलाल लोग ग्राहक लाते थे। तुम क्या करती थी सिर्फ जबान चलाने के अलावा तुमने कौन सी मेहनत की है। तुम जो कुछ छोड़ कर गयी थीं मैंने इस इमारत को जो एक अंधेरी खंडहर थी, अपनी मेहनत से इसको एक उजयारी चमकदार बना कर पेश किया है।

जब तुम इस हवेली में थीं तो लोग छिपकर अंधेरे में आते थे, अब दिन भर लोगों की आवाजाही रहती है। छोटा बड़ा हर व्यक्ति मेरे से मिलने को बेचैन रहता है। तुम थीं तो लोग मजबूरी में तुम्हारे सामने आते थे, यही फर्क है हरामखोरी में और हलाल खोरी में, ऊपर से मुझे नमक हराम कहती हो?

कुछ रूक कर फिर बोली- तुमने अपने जीवन में तो कभी किसी से कोई रियायत नहीं की, पर मैं इतना कर सकती हूं। यदि रहना है तो यहां पर मेरी शर्तों पर रहना होगा वरना अभी चाहो तो यहां से जा सकती हो। एक बात

और सुन लो, तुम्हारी तलाश में दिल्ली तक की पुलिस चक्कर लगा रही है।

नकुल रक्षाबंधन के तुरंत बाद दिल्ली आ गया वहां पर उसको असलम ने खबर दी कि जो बाजी तबस्सुम थी, वह लौटकर कानपुर आ गयी है क्योंकि तबस्सुम कानपुर जाने से पहले असलम से दिल्ली में मिल चुकी थी। असलम ने बताया कि वह शौकत ही था, जो शान्ति को लेकर उसके पास आया था और एक हप्ता उसी के कमरे में रुका था। उसके बाद कानपुर में शान्ति के साथ क्या हुआ वह नहीं बता पाया। वह तबस्सुम की गतिविधियों के बारे में कुछ नहीं जानता था इसलिए बोला कि तबस्सुम ही सब कुछ बता पायेगी। असलम ने यह जरूर बताया कि एक बार बाजी महल या सेवाश्रय में कोई लड़की गयी तो शायद ही बाहर आ पायी हो। उसके अंदर जाने का रास्ता था, बाहर आने के लिए सब दरवाजे बंद होते थे। उन दरवाजे से बाहर निकलना उसके लिये मुश्किल ही नहीं बल्कि नामुमकिन था।

अब तो नकुल को यकीन हो गया था कि दीदी को देह व्यापार में धकेल दिया गया है। परंतु वह यह बात किसी से नहीं कर पाया, ना तो घर वालों से, ना ही अपने कार्यालय के किसी साथी से। अब तो उसे बदनामी के साथ अपने पद की गरिमा की भी चिंता थी। बस मन मसोस कर रह गया।

जैसे ही वह घर से वापस आया शान्ति दीदी की याद आते ही बेचैन हो गया। उसने सोचा कि कानपुर में दबिश देकर तबस्सुम को दबोचा जाये। इसके लिए स्थानीय थानेदार से बात की लेकिन अब तो बाजी महल सेवाश्रय का कायाकल्प हो चुका था। वह एक खुला मनोरंजन स्थल ''सेवाकुंज'' हो गया था।

नजमा ने सभी गतिविधियां वैद्य करा ली थीं। यहां तक कि शराब बार का लाइसेंस भी ले लिया था। कोई भी लड़की खुलेआम धंधा नहीं करती थी, यानी कि यहां पर लड़कियों की नुमाइश नहीं होती थी। दूसरा उसने चंद महीनों में अपनी जमीन इतनी पुख्ता कर ली थी कि किसी थानेदार का हाथ डालना मुश्किल था। बस एक ही अनैतिक काम था कोकीन का, तो वह इतने शातिराना ढंग से कर दी थी कि उस पर या बाजीमहल पर कोई आंच नहीं आये।

इसी बीच उसने कई स्थानीय नेता मंत्री एवं उच्च अधिकारियों से सांठगांठ कर ली थी। उनसे पुराने संपर्क होने से और इन लोगों को भी पैसे की भूख के कारण उसके इस धंधे को इन्हीं लोगों से मिलकर अंजाम देती थी। सभी पुड़िया बेचने वाले दलाल इतने पक्के हो चुके थे यदि उनकी खाल भी उधेड़ दी जाए तो कोई कबूल करने वाला नहीं था। ना ही कोई गवाह बनने को

तैयार था। यदि एक आदमी पकड़ा भी गया, तो सीधे मंत्रालय से फोन आया और उसे छोड़ दिया गया।

कानपुर का स्थानीय थानेदार नकुल से बोला – सर, जब तक कोई पुख्ता गवाह या ठोस सबूत ना हो, तब तक बाजी महल पर हाथ डालना मुमकिन नहीं है।

तबस्सुम के लिए अब तो जीना मरना एक समान हो गया था। अब तक वह सोच रही थी कि वह जब भी कानपुर जाएगी तो उसकी पुरानी हैसियत लौट आएगी, उसका इकबाल कायम रहेगा। वह बेकार ही असीन मलिक के लिए दुबई गयी और जिसके लिए पूरी जवानी बर्बाद करी, जिसको अपने से ज्यादा चाहा, वही एक लड़की के लिए बेगाना हो गया। खैर, मर्द होते ही ऐसे हैं कब धोखा दे दें कह नहीं सकते?

तबस्सुम अभी तक समझ नहीं पायी थी कि मलिक साहब उसके धंधे के साथी थे, या उन्होंने उससे प्यार किया ही नहीं, क्या कभी असीम को भी उससे मोहब्बत थी या फिर यह आशिकी प्रेम मात्र दिखावा था।

असीम मलिक ने इतने सालों तक संबंध रखे किंतु तबस्सुम के साथ निकाह का नहीं सोचा और ना ही कभी कहा- तबस्सुम, तुम दुबई चलो।

तबस्सुम को ही जब उसकी याद आती तो खुद दुबई चली जाती थी। ऐसी दुत्कार कभी नहीं मिली, उनके बीच भी मियां बीवी जैसा विवाद होता था और कुछ समय बाद सब ठीक हो जाता था। लेकिन वह प्यार नहीं करता, पहली मर्तबा उसने ऐसा किया, नहीं मालूम क्यों?

शान्ति ने ऐसा क्या जादू उस पर किया था कि इतने दिनों तक खिदमत के बावजूद भी उसको अपना नहीं बना सकी। उसने खिदमत के अलावा भी हर दिली दौलत असीम पर लुटाई थी।

वह जब भी आता नई-नई लड़कियों को लिए आता था। तबस्सुम तो बस दिल बहलाने का साधन थी। तबस्सुम सोचती थी वह तो सिर्फ उसका है, गैर लड़कियों को कभी नहीं चाहेगा, चाहे हमारा निकाह हो ना हो? उसका एक-दो दिन के लिए भी आना उसके लिए ईद का दिन होता था। यही वजह थी कि वह उसकी इतनी खातिरदारी करती थी। उसे नहीं मालूम था कि असीम मलिक ने उसे दिल से कभी चाहा ही नहीं?

वह केवल अपने स्वार्थ के लिए आता था। अब तो वह पतंग की तरह

हो गयी थी, जो हिचकोले खा रही थी। कटी पतंग को लूटने के लिए भी कई लोग दौड़ते हैं, उसे पकड़ना क्या और लूटना क्या? अब कोई सहारा नहीं दे रहा था, अब तो तबस्सुम और शौकत एक ही नाव के सवार थे। शौकत तो कम से कम कोकीन के सहारे जी रहा था। नजमा उसको खर्चा पानी तो देती थी उसे क्या मिलेगा? अब तबस्सुम को नजमा की बात मानने के सिवाय कोई रास्ता नहीं रहा था।

उसने बोला- मुझे तेरी हर शर्त मंजूर है बस तू मुझे हवेली में जगह दे दे।

नजमा तो पहले ही जानती थी यह कर भी क्या सकती है? इसकी हैसियत दो कौड़ी की भी नहीं है, इसनें जितनी लड़कियों को बर्बाद किया और उन्हें उनके हाल पर छोड़ा है, यह उनकी आहों का ही परिणाम है। लगता है अब आया ऊंट पहाड़ के नीचे, अब इसे कर्मों की सजा मिलेगी।

नजमा ने फिर कहा- शौकत ने तुम्हें बताया कि नहीं, यहां रहकर तुम्हें सिर्फ झाड़ू पोंछा करना पड़ेगा। पूरी हवेली की सफाई की जिम्मेदारी तुम पर है संभालो, तुम्हें सफाई दरोगा के पद पर नियुक्त करती हूं। सफाई कराना या सफाई देखना, आज से तुम्हारी आदत में शुमार हो जाना चाहिए। किसी को कोई हुक्म नहीं दोगी, जो भी आए उसका हुक्म मानना तुम्हारा काम है। इसमें ना तो लापरवाही होना चाहिए और ना ही किसी प्रकार की ना नुकर। बोलो तुम्हें मंजूर है?

हां, एक बात और तुम तो सभी लड़कियों के लिए हमेशा दरवाजे बंद करवाती थी लेकिन तुम्हारे लिए इस हवेली के दरवाजे हमेशा खुले रहेंगे, जब चाहो बिना बताए जा सकती हो।

नकुल ने कानपुर जाने का सोचा लेकिन आधिकारिक तौर पर वह कोई भी कार्यवाही करने में मजबूर था क्योंकि स्थानीय थानेदार ने हाथ खड़े कर दिए थे। उसने सोचा जिस प्रकार से असलम ने सारी जानकारियां दी हैं उसी प्रकार से वह कानपुर भी जा सकता है। उसने कुछ दिनों की और छुट्टी लेकर कानपुर जाना चाहा।

उसने असलम को साथ लिया और बोला- एक बार दूर से ही सही बाजी महल बता दो, हो सके तो तबस्सुम का चेहरा भी बता देना, बस उसके बाद तुम वापस दिल्ली आ जाना।

अब नकुल ने अपना चेहरा मोहरा थोड़ा लोफर सा बना लिया, आवारा

सा बनकर पहुंच गया कानपुर की तंग गलियों में। एक बार की बाजीमहल की चकाचौंध देखकर वह भी चौंक गया कि अंदर कैसे जाये? उसने थानेदार से क्लब की सदस्यता के लिए सहायता ली और क्लब की सदस्यता के लिए फॉर्म भरकर मेंबरशिप ले ली। क्लब सार्वजनिक था परंतु एहतियातन सबको अंदर आने की मनाही थी। कोई ऐरा गैरा, गाहे-बगाहे अंदर नहीं आ सकता था।

नकुल ने जीवन में कभी ताश को हाथ नहीं लगाया था, लेकिन वह ताश खेलना जानता था। वह यहां आकर जुआ खेलने लगा। ऐसा करके वह अंदर की गतिविधियों पर नजर रख सकता था। आज पूरे दिन वह जुआ खेलता रहा है, लोगों ने सोचा अभी नया है इसे जीतने दो। इस प्रकार वह पचास साठ हजार रूपया जीत कर बाहर आ गया।

उसे दोपहर से शाम हो गई थी। क्लब में जो भी खाने पीने का सामान था उससे उसका ना तो मन भरा था और ना ही पेट भरा था। इसलिए उसने सोचा किसी बढ़िया सी होटल में जाकर पहले खाना खाऊंगा, फिर वापस जरूर आऊंगा। आज तो ऐसे ही बना रहा जैसे नया-नया शौकिया।

नकुल ने असलम को विदा कर दिया था किंतु असलम को शौकत ने देख लिया था तो उसे रोककर पूछा- तू दिल्ली से क्यों कर आया है?

असलम ने तपाक से कहा- उसे तबस्सुम बाजी ने बुलाया था किंतु उसकी दुर्गति देखकर उसे कुछ समझ नहीं आ रहा था कि क्या करें? उस का कुनबा बिखर चुका है यदि हो सके तो नजमा बाजी से मिलवा दो।

शौकत ने पूछा- क्यों क्या हुआ?

असलम ने अपना रटारटाया डायलाग बोला- क्या करें यार, धंधा तो बिल्कुल मंदा है खर्चा पानी निकाल पाना मुश्किल है, कुछ और करना पड़ेगा।

हालांकि उसे तरस तो शौकत पर आ रहा था लेकिन उसने गौर से उसे देख कर कहा- मेरी भी यही हालत है जब से दिल्ली से नजमा कानपुर आयी है, उसने कोई खोज-खबर नहीं ली है। हां, तबस्सुम बाजी मिली थीं दिल्ली में, तो बोलीं थीं तुम भी कानपुर आ जाओ। अब तक ना ही नजमा और ना ही तबस्सुम से मुलाकात हुई है।

शौकत बोला- रात को आठ बजे आ जाओ मिलते हैं।

रात आठ बजे सभी लोग अपनी पुड़िया और दिहाड़ी के लिए एकत्रित हुए, पर नजमा बाजी को जाने कैसे ये इल्म हो गया कि कुछ होने वाला है

इसलिए कुछ दिनों के लिए यह धंधा बंद कर देना चाहिए। सब को अंदर बुला कर कहा- जहां से माल लेते हो पुड़िया और दिहाड़ी भी वहीं से लेना, यहां पर मजमा लगाना बंद करो।

उसे किसी ने खबर दी थी कि असलम दिल्ली से आया है। उसने शौकत के साथ असलम को भी बुलवा लिया।

क्योंकि असलम पुलिस का मुखबिर बन गया था इसलिए नजमा के सामने गिड़गिड़ाने लगा, मैं बहुत ही तंग हालात में हूं मजबूरी से यहां आना पड़ा, काम धंधा कुछ मिलता नहीं। तबस्सुम बाजी से मिला था उसने कहा था कानपुर आ जाना तो आ गया हूं।

नजमा ने तबस्सुम को बुलाकर पूछा- कि असलम को तुमने बुलाया है।

तबस्सुम ने हामी भरते हुए कहा- हां, तो नजमा को थोड़ी तसल्ली हुयी।

उसने असलम को बोला- अब तुम यहीं पर रुको, शौकत से धंधा समझ लो और तुम भी वही करो। दलाली और कोकीन बेचने का काम तुम्हें भी करना होगा। रोज की दिहाड़ी मिलेगी।

असलम तबस्सुम की हालत देखकर दुखी होने के साथ चौंका भी था। वक्त जब बदल जाता है तो कौन क्या हो जाता है? तबस्सुम बाजी तो बता कर आयीं थीं, मैं वापस कानपुर अपनी हवेली जा रही हूं सुकून से रहूंगी। यहां तो यह सफाई वाली बनकर रह गयी। अब तो नकुल साहब का काम आसान हो गया है। यहीं रह कर भी बता सकता हूं कि शौकत और बाजी कौन हैं? हो सकता है उसे माफी मिल जाय।

अब फंस तो गया हूं यदि नहीं मानूंगा तो नजमा को शक हो जाएगा और नकुल साहब को कुछ नहीं बता पाऊंगा। वैसे ही शामत आ जाएगी, इसलिए उसने सोचा समझदारी इसी में है कि नजमा की बात मानूं और यहीं रहकर नकुल साहब के काम में सहयोग करूं।

अगले दिन जब नकुल वापस आया तो क्लब में असलम को देख चौंका! उसे तो दिल्ली वापस जाना था, यह यहां क्यों रुका है कहीं दोनों तरफ की चाल तो नहीं चल रहा? इसके लिए उसने स्थानीय थानेदार से बात करके कुछ विश्वस्त पुलिस वालों को तैनात करवा लिया। सोचा आज तो यहां की पुलिस से काम चलाना पड़ेगा, दूसरे दिन नकुल ने अपने दो और विश्वस्त कांस्टेबल को दिल्ली से बुला लिया। काम सरकारी नहीं था, उनको भी छुट्टी लेकर बुलाया

था ताकि यहां अकेले पड़ने पर किसी परेशानी में ना पड़े। वैसे तो वह दबंग था, पर वह जानता था दबंगी तब तक ही रहती है, जब तक बदन पर वर्दी हो और बगल में हथियार। वरना पुलिस वाले भी लाचार ही रहते हैं।

भय और भूख किसी को भी नहीं बख्शते। भय से व्यक्ति चाह कर भी कुछ कर नहीं पाता और भूख में ना चाह कर भी बहुत कुछ कर जाता है। असलम को हवेली में देखकर नकुल भयभीत हो गया था किंतु आत्मविश्वास से हवेली गया और जुआ खेलने लगा। शराब को कभी हाथ नहीं लगाया था किंतु आज जैसे ही एक लड़की शराब लेकर आयी तो उसने कहा- कि मेरे लिए एक पेग पटियाला वाला बना दो। आज पीने का मन कर रहा है, कल खूब जीता जो था।

वह खुश होकर फिर बोला- जो साथी खेल रहे हैं इनको मेरी ओर से खूब पिलाओ, मैं किसी का माल हड़पना नहीं चाहता। इनका पैसा है इनको खूब पिलाओ। मैं तो रात को ही पार्टी देना चाहता था किंतु खाने की तलब थी, अच्छा सात्विक खाना, खाना चाहता था क्योंकि मेरा मंगलवार का व्रत था। हनुमान जी को नाराज नहीं कर सकता था, सो मैंने ढाबे में जाकर खाया था।

असल में वह रात स्थानीय थानेदार के बंगले पर रुका था ताकि किसी को शक ना हो और पुलिस वाले मुखबरी ना कर दें। वह जानता था कई पुलिस वाले हफ्ते के चक्कर में बता सकते हैं कि यह अधिकारी दिल्ली से आया हुआ है किसी खास मकसद के लिए आया है। मकसद तो थाने में भी किसी को पता नहीं था सिर्फ थानेदार जानता था। नकुल का बस एक ही मकसद था कि उसकी शान्ति दीदी के साथ क्या हुआ और अब कहां हैं? बाकी तो उसने स्थानीय थानेदार पर छोड़ दिया था, इस अनैतिक धंधे के लिए उन्हें क्या करना है वह जाने।

उसका मकसद था शांति दीदी का पता लगाना, उसके लिए वह कुछ भी कर सकता था, यहां तक कि वह पुलिस की नौकरी भी छोड़ सकता था। इसका एक ही कारण था, शांति के जाने के लिए वह स्वंय को दोषी मान रहा था। कई बार तो उसके मन में यह भी ख्याल आया कि अगर शांति के साथ कुछ गलत हो गया है, तो उसे भी जीने का कोई अधिकार नहीं है, उसे भी मर जाना चाहिए। आज भी उसके जेहन में वह कसक थी जो मिटाये से भी नहीं मिट रही थी।

इसको किस्मत कहें या अच्छा समय कि आज भी नकुल जुए में कुछ

 तंग गलियों के बंद दरवाजे

रकम जीत गया था। उसे जीतने की खुशी नहीं थी, बेचैनी इस बात की थी कि यहां आकर भी रहस्य से पर्दा उठेगा कि नहीं? उसने अपनी जान व नौकरी दोनों ही दांव पर लगा रखी हैं।

उसी दिन असलम ने चलते-चलते सेल्फी लेकर शौकत की फोटो नकुल को भेज दी। उससे फायदा यह हुआ कि थाने के दो कांस्टेबल शौकत के पीछे लग गए और तीसरे दिन जैसे ही वह नशा लेकर निकला उसे धर लिया गया। उससे पूंछतांछ की कहां से कोकीन ली और दबिश में एक बड़ी खेप कोकीन की पकड़ा गयी। काफी लोगों की गिरफतारी भी हुई।

शौकत से नकुल ने स्वंय शांति के बारे में पूछा- पर उसने यही कहा कि शांति को तबस्सुम के हवाले करके वह सूरत चला गया था। उसके बाद उसका क्या हुआ, कहां भेजा, वह नहीं जानता?

इसी बीच उसे यह भी पता चला गया कि हवेली में सफाई करने वाली ही तबस्सुम है, पर उसे किस जुर्म में गिरफतार किया जाये समझ नहीं आ रहा था।

जैसे ही शौकत की गिरफतारी हुई नजमा को अहसास हो गया कि कुछ बड़ा हो सकता है। उसने अपने सभी आदमियों को कोकीन का अड्डा लावारिस छोड़ने को कहा। जो लोग नशा के बारे में जानते थे, वह सभी भाग निकले और इधर उधर हो गये। नजमा का अंदाजा सही था कि कुछ होने वाला है। उसने तुरंत मंत्री जी से मामला रफा दफा करने को कहा।

शौकत ने बयान दिया- उसके पास जो कोकीन थी, वह उसकी खुद के लिए थी वह बेच नहीं रहा था। उसने अपने बयान में नजमा या हवेली का नाम तक नहीं लिया था। नजमा का नाम ना लेने का मतलब था क्लब पर कोई आंच नहीं आयी। पुलिस के बार-बार टॉर्चर करने पर शौकत इतना टूट चुका था कि उसने तबस्सुम के बारे में सभी जानकारियां पुलिस को दे दी कि वही अनैतिक धंधे करवाती थी।

अब तो शौकत की शिनाख्त पर तबस्सुम को गिरफ्तार कर लिया गया। थाने पर आकर तबस्सुम ने सब कुछ कबूल कर लिया और यह भी बता दिया कि शान्ति कहां पर है और क्या कर रही है।

तबस्सुम ने सोचा नजमा की गुलामी करने से अच्छा है कि जेल में रहे और जो सजा मिले उसे भुगतने को तैयार रहें। अब तो उसका सब कुछ लुट चुका था, बचा क्या था जिसके लिए वह नानुकर करे। शौकत भी यही सोच कर

बैठ गया कि आवारा जिंदगी से अच्छा तो जेल में रहना है। उसके पास में कहने सुनने को कुछ नहीं था, बस इतना था जो भी वह करता था बाजी तबस्सुम के कहने से करता था। लड़कियां लाने के बदले जो रकम मिलती बीबी बच्चों पर खर्च कर देता था लेकिन अब तो ना बीबी है ना बच्चे, वह भी किसी और के हो गए, सभी उसे छोड़ कर चले गये। यह तो एक ना एक दिन होना ही था।

तबस्सुम का सामना जब नकुल से हुआ तो उसने शान्ति ही नहीं कई और लड़कियों के बारे में जानकारी दी। नकुल तो सिर्फ शान्ति के बारे में जानना चाहता था, उसका काम हो गया तो वह वापस दिल्ली आ गया और अपनी ड्यूटी ज्वाइन कर ली।

उसे अब भी चैन नहीं था वह तड़पने लगा कि जितनी जल्दी हो दुबई जाना चाहिए तबस्सुम जो बता रही है वह सही है कि नहीं यह समझना था।

दुबई में शान्ति उर्फ सलमा अच्छी खासी जिंदगी गुजार रही थी असीम मलिक की बीबी बन कर, लेकिन कहते हैं समय एक जैसा कब रहता है। वह अपनी चाल चलता रहता है या यूं कहें कि समय तो वही रहता है परंतु व्यक्ति का जीवन उससे प्रभावित होता रहता है। एकाएक शान्ति के जीवन में भूचाल आ गया था। ज्यादा शराब पीने के कारण असीम बीमार रहने लगा था। सलमा सोचती कि नशे के कारण अगर बीमार हो रहा है तो अच्छा है, उसे कौन सा उसे लगाव था।

धीरे-धीरे असीम मलिक का लीवर खराब हो गया और एक दिन उसने दो तीन खून की उल्टियां की और खुदा को प्यारा हो गया, बिना किसी को कुछ बताये।

सलमा तो वैसे भी बदले के कारण मलिक को बर्बाद करना चाहती थी किंतु वह यह नहीं चाहती थी कि वह मर जाये। परदेश में रहने के लिए एक वही तो साथी था और सहारा भी। उसी के बलबूते तो अब तक उसके अच्छे दिन आये थे, इस अनहोनी के लिए वह तैयार नहीं थी। मलिक साहब का कोई वारिस नहीं होने से सलमा ही सारी दौलत की मालकिन और हकदार हो गयी।

उसे मुस्लिम रीति रिवाज का कुछ पता नहीं था फिर भी एक बीबी का हक तो अदा करना ही था। जो उसने अपने नौकरों एवं जानकारों से, पहचान वालों से पूंछकर जैसा बना वैसा असीम मलिक का क्रियाकर्म किया।

असीम मलिक का कोई वारिस या रिश्तेदार का भी पता सलमा को नहीं

था और ना ही कोई कभी आया। हिंदुस्तान में होगा भी तो उसे पता नहीं था। वह तो केवल तबस्सुम को जानती थी। तबस्सुम के कारण ही शान्ति ने इतने उम्र दराज व्यक्ति से रिश्ता जोड़ा और अपने पिता के बराबर वाले के साथ रहना पसंद किया था।

क्रिया कर्म करने के उपरांत शान्ति बिल्कुल अकेली रह गयी। जान पहचान वालों में कुछ दोस्त यार थे तो वह लोग भी असीम के मरने के बाद आना बंद कर दिए।

असीम मलिक के मरने के १० दिन बाद ही नकुल दुबई आ गया। जैसा कि तबस्सुम ने हिरासत में नकुल को बताया था, उसके बताये अनुसार शान्ति की खोज खबर करते-करते वह दुबई पहुंच गया। किंतु उसने देखा कि जो पता बताया था, वहां मातम पसरा है। उसका दिल बैठ गया, वहां पर लोग फातिया पढ़ रहे थे। इतने दिनों बाद कहीं उसके आने के पहले शान्ति ने कुछ कर तो नहीं लिया?

वह वैसे भी वहां किसी को नहीं पहचान पाया शान्ति हाल के दूसरी ओर बुर्का पहन कर बेवा बनी बैठी थी। वह सिर नीचे किये हुए दूसरी औरतों के साथ अंदर को बैठी थी। शान्ति के लिए मुस्लिम रीति-रिवाजों को निभाना भी जरूरी था।

नकुल जैसे-तैसे हिम्मत कर के अंदर गया और लोगों से पूछा- क्या हो गया है?

एक व्यक्ति ने बताया- यहां के मालिक, असीम मलिक साहब नहीं रहे। नकुल को थोड़ा धैर्य बंधा और वह आश्वस्त हो गया। अन्यथा वह सोच रहा था कि कहीं उसकी शान्ति दीदी को उसके आने की खबर तो नहीं मिल गयी और उसने कुछ ऐसा वैसा तो नहीं कर लिया। ऐसी जिंदगी जीने से अच्छा कोई भी मरना पसंद करेगा, बजाय अपने भाई को सूरत दिखाने के।

नकुल एक बार अंदर जाकर बाहर नहीं आना चाहता था। वह भी कुछ देर लोगों के साथ बैठा रहा और सब के साथ बाहर आ गया चुपचाप लोगों की बातचीत सुनने लगा। कोई कह रहा था मलिक साहब नेक दिल इंसान थे, कोई इस बात पर तारीफ कर रहा था कि मलिक साहब की कोई उम्र थोड़ी ही थी दुनिया को अलविदा कहने की। किसी ने कहा बेगम तो अभी जवान है क्या करेंगी? यही सबसे बड़ा अफसोस है कि हिंदुस्तान से कोई आया नहीं है। बड़ी बात कि बेचारी बेवा यह सब संभालेगी कैसे?

किसी ने कहा- मलिक साहब ने दौलत तो बहुत इकट्ठा कर रखी थी? दौलत कमाने का सबको इल्म होता है, पर दौलत कमा कर संभाले कैसे? कभी-कभी दौलत आती तो है लेकिन जो कमाता है, उसको भोगने को नहीं मिलती। कोई दूसरा ही उसे खाता पीता है। बेगम अकेली हैं, कब तक मलिक साहब के नाम पर बैठी रहेंगी, कोई तो सहारा ढूंढेंगी।

नकुल ऐसी बातें सुनकर विचलित जरूर हुआ लेकिन किसी से कुछ कहना उचित नहीं समझा। यह मौका किसी से बात करने का नहीं था। धीरे-धीरे जैसे लोग आए थे वैसे जाने लगे, कुछ उनके साथ थे वह भी निकल कर जाने लगे। ऐसा कोई नहीं था जो शान्ति के साथ बैठा रहता। कुछ नौकर नौकरानी थीं जो सेवा करने के साथ सांत्वना दे रही थीं।

किसी ने कहा- अभी तक आपने साहब का साथ दिया, अब खुदा आपका साथ देगा। खुदा से बड़ा कोई सहारा नहीं होता।

दूसरे ने पूछा- आपने अपने वतन हिंदुस्तान में खबर करी कि नहीं, कोई आया कि नहीं?

जैसे ही एक नौकर की नजर नकुल पर पड़ी वह बोला-बैठिये जनाब, कुछ लाऊं? क्या लेंगे, चाय पानी, साहब तो सब की खातिरदारी खुद से करते थे, अब वह नहीं है तो हम ही करेंगे।

नकुल ने कुछ कहे बिना ना में गर्दन हिलाकर मना किया।

नौकर बोला- जो हुकुम जनाब।

शान्ति ने गर्दन उठाकर देखा, पर कोई मर्द है तो फिर सिर नीचा करके बैठ गयी।

अब नकुल ने कहा- अपनी मालकिन से कहो कि नकुल सिंह पुलिस अधिकारी आया है, कुछ पूछताछ करनी है। क्या मैं अंदर आ सकता हूं?

जहां शांति बैठी थी वहां पर्दा था औरतों के लिए। एक बार तो नकुल सिंह का नाम सुनकर शान्ति चौंकी, लेकिन पुलिस वाला होगा ऐसा संभव नहीं था, कारण कि घर वाले पुलिस की नौकरी के सख्त खिलाफ थे। उनका कहना था पुलिस की नौकरी ठीक नहीं है। जिंदगी बर्बाद करना होती है, गुंडे बदमाशों के पीछे भागते रहो, कभी सुकून नहीं मिलता। घर और समाज से व्यक्ति कट जाता है क्योंकि पुलिस से अपनापन कोई नहीं चाहता। यह तो अपने बाप के भी नहीं होते। रात दिन बस थाना कचहरी होती है, घर बाहर का, अपने

बीबी बच्चों की ठीक से परवरिश नहीं कर पाते। रात दिन ड्यूटी करो फिर भी सुकून नहीं और सबसे बड़ी बात नकुल दुबई में तो हो ही नहीं सकता?

पुलिस वाला सुनते ही शान्ति ने अपना बुर्का संभाला और पूरे शरीर को बुर्के से ढंक लिया। नौकरानी को इशारा किया कि साथ में रहना। जैसे ही शान्ति बाहर आयी नकुल ने प्रणाम किया।

शान्ति को बहुत आश्चर्य हुआ, यह क्या, सलाम के बदले प्रणाम कर रहा है?

नकुल ने जैसे ही चरण स्पर्श करने की कोशिश की तो शान्ति ने अपने पैर पीछे कर लिए बोली- नहीं, नहीं, इसकी जरूरत नहीं है।

दोनों के बीच कुछ देर सन्नाटा छाया रहा। नकुल सोच रहा था इस बुरके के पीछे मेरी दीदी ही होगी। दूसरी ओर शांति सोच रही थी, यह पुलिस कहां से एन मौके पर आ गयी। पता नहीं क्या पूछना चाहते हैं।

कुछ देर बाद हिम्मत करके बोली- आपको क्या पूछना है पूछिए, मैं मलिक साहब के बारे में ज्यादा कुछ बता नहीं पाऊंगी क्योंकि हमारा कुछ समय पहले ही निकाह हुआ था, यूं कहें चंद महीनों का ही साथ था। उनकी उम्र ज्यादा थी शराब ने उन को खोखला कर दिया था। रिपोर्ट में भी डाक्टर ने बाकायदा यही लिखा है। उनके सिवाय मैं उनके किसी रिश्तेदार को भी नहीं जानती, उन्होंने कभी किसी का जिक्र भी नहीं किया। शायद ही उनका कोई भाई बहन या परिवार होगा।

नकुल उसकी आवाज ध्यान से सुनते हुए पहचानने की कोशिश कर रहा था। इसलिए कुछ ना बोल पाया।

तभी शांति ने पूछा- आप यहां से हो या फिर हिंदुस्तानी हो?

अब तक नकुल अपनी दीदी को जान गया था कि सामने मेरी दीदी ही है। वह अपने आप को रोक नहीं पा रहा था। उसका मन भारी हो गया उससे रहा नहीं गया, उसकी आंखों से आंसू बहने लगे। वह आवाज से पहचान गया था कि यह उसकी शान्ति दीदी ही है उसका गला रूंध गया और वह बोला- दीदी, मैं तुम्हारा छोटू हूं, तुम्हारा छोटा भाई नकुल।

शांति को यह सुनकर ऐसा लगा मानों पास ही कहीं बिस्फोट हो गया हो। उसका पूरा वजूद हिल गया था।

नकुल कहे जा रहा था- मेरा मकसद तुम को ढूंढने का था, वह पूरा

हो गया। दीदी, तुम्हारी बर्बादी का असली गुनहगार मैं ही हूं, जिसके कारण तुम्हें इतने दुख और दुस्सवारियों से गुजरना पड़ा। यही वजह है कि घर वालों की मर्जी के बगैर भी मैं पुलिस में भर्ती हुआ। बस आपसे मिलकर एक बार माफी की गुजारिश करना चाहता था। दीदी, मुझे माफ कर दो। जो भी हालातों ने तुम्हारे ऊपर सितम ढाए हैं, उसका पूरा-पूरा जिम्मेदार मैं ही हूं। यदि तुम नहीं मिलती तो मैं यहां से वापस नहीं जाता, बस यही पर अपने आपको मिटा कर रख देता।

इतना सुनते ही शान्ति ने छोटू को पहचान कर गले लगा लिया। वह फूट-फूट कर रो पड़ी। उसे अपनी आंखों पर और अपनी किस्मत पर विश्वास ही नही हो रहा था कि जो कुछ वह देख रही है वह सब सच है? वह दोनों आपस में लिपट कर रोये जा रहे थे।

उसका छोटू अब वह वो छोटू नहीं था, जिसको शान्ति बात बात पर डांट देती थी और कई बार पीट भी देती थी। अब शान्ति को छोटू को देखने के लिए सिर ऊंचा करना पड़ रहा था। क्योंकि शान्ति को उसके कद की नहीं, पद की ऊंचाई भी जान पड़ी थी। यह सुनकर कि छोटू दिल्ली पुलिस अधिकारी के पद पर तैनात है, उसका सिर वैसे ही गर्व से ऊंचा हो गया था। कुछ क्षणों के लिए तो शान्ति अपना सब कुछ भूल बैठी और अपने घर के हाल-चाल सुनने को बेचैन हो उठी।

उसने बेताबी से कहा- बता मेरे भाई घर में सब कैसे हैं, चाचा-चाची कैसे है, पापा मम्मी कैसे है, भाई भाभी कैसी हैं?

छोटू ने शान्ति के घर से निकलने से लेकर रक्षाबंधन पर शान्ति को नन्ही शान्ति से राखी बनवाने तक, सब कुछ बता दिया।

उसके बाद वह बोला- दीदी, आप अपना अतीत मत बताइये, मुझे सब कुछ मालूम हो गया है इन सालों में, जिसके लिए मैंने यह नौकरी की है, वह कार्य सफल हो गया है।

वह दोनों फिर बातें करने लगे, अब तो छोटू भी भूल गया कि वह अपने घर में नहीं परदेश में बहन के पास बैठा है और शान्ति भी अपना पूरा अतीत भूल कर सिर्फ घर और घर वालों के बारे में विचार करने लगी। कैसी होगी नई भाभी, कैसी है नन्हीं शान्ति, कैसे हैं माता-पिता, कैसे हैं चाचा-चाची? शान्ति को भी अपने चाचा-चाची से बहुत लगाव था।

शान्ति ने एक बार तो उत्तेजित होकर कहा- छोटू, झट से मुझे चाचा-चाची से बात करा दे लेकिन फिर अपने अतीत का सोच कर चुप रह गयी और बात बदल कर बोली- छोटू तुम मिल गए घर के सब हाल-चाल मिल गए बस। मैं तो तुम्हारी लगन और मेहनत की कायल हो गयी हूं।

जब शान्ति घर पर थी तो कहती थी तू कुछ नहीं कर पाएगा पढ़ाई लिखाई में तो तेरा मन लगता नहीं। जब पढ़ाई लिखाई नहीं करेगा तो निकम्मा काम चोर बनकर रह जाएगा। आज छोटू की तरक्की सुनकर शान्ति अभिभूत हो गयी। वह भूल गयी कि उसके घर में उसके पति मलिक साहब को मरे मात्र दस दिन हुए हैं। यहां तक कि वह यह भी भूल गई कि छोटू हिंदुस्तान से आया है, तो कुछ खाया पिया है या नहीं?

जैसे ही उसने नौकरानी की तरफ देखा वह भी सब कुछ भूल कर दोनों भाई बहन को एकटक देखे जा रही थी। वह ही नहीं दूसरे नौकर चाकर भी उत्सुकता से देखे जा रहे थे। नौकरानी सोच रही थी ऊपर वाला भी क्या कमाल का है , जब तक मलिक साहब जिंदा थे मालकिन और मलिक साहब के बीच मजाल है किसी प्रकार दखलंदाजी कोई कर ले। बस रात दिन शराब के पैमाने और सलमा के प्यार की तूती ही इस मकान में गूंजती थी। कई बार तो यह लोग इतने बेशर्म हो जाते थे कि यह भी नहीं देखते कि मकान में नौकर चाकर भी रहते हैं बस एक दूसरे में गुम रहते थे। पहली मर्तबा पता चला कि भाई बहन का भी कोई रिश्ता होता है। वरना इस घर में तो बस अइयाशी होती थी।

शान्ति ने नौकरानी से बोला- यह है मेरा छोटू, यानी छोटा भाई एक पुलिस अधिकारी। यह मेरा छोटू, इतना चंचल था कि हरदम घर सिर पर उठाए रखता था। अब देखो कितना सुंदर और गठीला नौजवान हो चुका है।

नौकरानी शन्नो इनको देख कर खुश हो रही थी, बोली- बेगम साहिबा, मेरी तो दोनों की बलैयां लेने की इच्छा हो रही है, तुम कितना खुश हो? वरना जब से आई थी एक गमगीन औरत की तरह बुझी-बुझी सी रहती थीं। आज लग रहा है तुम दिल से खुश हो, साहब के साथ तो लगता था कुछ ड्रामा हो रहा है। शन्नो जवान तो नहीं थी, पर बूढ़ी भी नहीं थी, जो यह न समझे नाटक और हकीकत की मोहब्बत कैसी होती है, सच्चा प्यार कैसा होता है?

उसने आज जाना कि अपनों का दर्द क्या मायने रखता है? जैसे ही दोनों भाई बहन सम्हले तो शान्ति ने पूछा -कहां ठहरे हो?

नकुल बोला- होटल में रुका हूं।

शांति ने मुख्य नौकर को बुलाकर बोला- साहब के साथ जाना और इनका सामान लेकर आना।

शान्ति को भी महसूस हो गया कि जब एक दरवाजा बंद होता है, तो दूसरे दस दरवाजे खुल जाते हैं। अभी तक उसे यकीन नहीं हो रहा था कि उसका छोटा भाई उसकी तलाश में यहां आ जाएगा। वह तो मलिक साहब की बेगम है, इसी को जिंदगी और नियति समझ बैठी थी।

छोटू तो छोटू, शान्ति को तो अब लग रहा था कि उसे पूरा परिवार मिल गया। लेकिन वह मन में सोच रही थी, इतने सारे बरसों का हाल, वह किस तरह से परिवार एवं समाज वालों को बता पाएगी, क्या कहेगी कि वह इतने सालों से कहां थी, क्या कर रही थी? कौन प्यार से देखेगा, घरवाले उसे अपना पायेंगें क्या? कहीं उसे हिकारत की नजरों से तो नहीं देखेंगे?

इस पल उसे खुशी और आस दोनों बंध गयी है कि अपने परिवार वालों से मिल पाएगी। बस चिंता थी कि प्यार मिलेगा या दुत्कार? जबकि छोटू को सब पता है कि वह किन हालातों में जबरदस्ती धंधे में ढकेली गयी थी। इतने सालों दीदी ने किन हालात में लोगों का सामना किया होगा? वह तो अब काफी परिपक्व हो चुका था, कुछ पुलिस की नौकरी ने उसे और परिपक्व बना दिया था। जो आम नागरिक नहीं जान सकता, वहां पुलिस की नौकरी बहुत कुछ सिखा देती है। पुलिस का अनुभव किसी, को देखकर ही अनुमान लगा लेता है, यह शरीफ है या आदतन अपराधी?

इसी तरह उसने अपनी दीदी के चेहरे से भांप लिया था कि किस प्रकार उसे जोर जबरजस्ती से इस धंधे में धकेला गया था। उसे यहां पर मजबूरी में सब कुछ सहना पड़ा था। वहां पर कुछ बोलना तो दूर रोना भी नसीब नहीं होता था।

घंटों भाई बहन एक दूसरे को देखने, प्यार करने एवं आहें भरने में लगे रहे। पता ही नहीं चला कब अंधेरा हो गया और कब बत्तियां जल गयीं। जब उन्हें होश आया तो शाम हो गयी और रात होने को है। अब तक छोटू को आये चार घंटे हो गए थे।

शान्ति ने कहा- कुछ खा पी लो लेकिन छोटू की भूख प्यास सब खत्म हो गयी थी।

शान्ति फिर बोली- रात होने को है जा कर सामान ले आओ। फिर

बैठकर रात को इतमीनान से बातें करेंगे। पल भर में मन भी खुशियों में बदल जाता है। शान्ति ने महसूस किया वह सब कुछ भूल कर बस एक ही बात सोच रही थी कि एक बार बस, एक बार किसी तरह से परिवार वालों से बात हो जाए या फिर किसी प्रकार से मुलाकात हो जाए।

नकुल होटल पहुंचकर अपना बैग लेकर जैसे ही निकलने लगा, तो उसने सोचा एक बार चाचा को शान्ति के विषय में बता दिया जाए। चाचा-चाची हमेशा उसके लिए परेशान रहते थे। यही कहते थे बस एक बार मुझे मेरी बेटी का पता ठिकाना मिल जाए।

उसने फोन पर कहा- चाचा, मैं दुबई से बोल रहा हूं।

चाचा ने आश्चर्य से पूछा- अरे ! दुबई में तू क्या कर रहा है?

उसने कहा- चाचा आपकी मुराद पूरी हो गयी, शान्ति दीदी का पता लग गया है, मैं उनसे मिलकर ही आ रहा हूं। आपके पास पासपोर्ट है कि नहीं, क्योंकि अब शांति दीदी दुबई में रहती हैं।

जब से शान्ति गई थी सभी लोग इस शहर से जाना तो दूर, घूमने फिरने का भी नहीं सोच रहे थे। उनका विचार था कहां जाएं अब अंत यही हो जाए तो अच्छा है। बुढ़ापे में कहां जायें? कोई आस औलाद तो थी नहीं, बस निराशा से भरा जीवन जी रहे थे। अब तो बस भगवान का भजन करने की ठानी है। उन्हें ना तो जमीन जायजाद में रुचि थी, ना ही घूमना फिरना या मनोरंजन में, जिसकी आस में जी रहे थे वह तो थी नहीं? इतने बरस हो गए कि उसकी आने की आशा की डोरी भी टूट गई थी।

लेकिन छोटू से शान्ति की खबर सुनकर ऐसा लगा करोड़ों की लाटरी खुल गयी। खुशी का ठिकाना नहीं रहा अपना पासपोर्ट ढूंढने लगे कि तुरंत दुबई चले जाएंगे। लेकिन यह क्या कई सालों पहले पासपोर्ट की वैलिडिटी खत्म हो गई थी। चाची को बताया तो उनके आंसू बहने लगे।

वह बोलीं-मैंने कहा था जरा देख लो एक बार, पर आपने ही कहा था क्या करना है, कहीं जाना तो है नहीं ना, देखिये अब शांति बिटिया की खबर आई तो बैठे रहो बिना पासपोर्ट के।

चाचा-चाची को शांति जान से ज्यादा प्यारी थी। शान्ति जब से हुई थी चाची की गोद में ही खेल कर पलकर बड़ी हुई थी। वह अपनी औलाद की कमी को भूल गये थे, उन्हें अपनी औलाद ना होने की कमी, कभी नहीं खली

थी। अब शांति के बिना ये समय पहाड़ काटने के समान बीता था।

अब तो दिन-ब-दिन शरीर भी कमजोर होता जा रहा था। दोनो ही थके-थके से लगने लगे थे। शान्ति का नाम सुनते ही चाची ने पलटकर नकुल को फोन किया - नकुल, बस एक बार हमें शान्ति से बात करवा दो यही हमारी विनती है। उसकी आवाज सुन कर तसल्ली हो जायेगी, बस तू मेरी बात करा दे।

नकुल बोला- चाची, दीदी भी बड़ी शिद्दत से आपको याद कर रहीं थीं। मैं तो अभी होटल में हूं चेक आउट करने आया हूं, जैसे ही दीदी के घर पहुंचता हूं, आपकी बात कराता हूं। चाची आप सभी से मेरी एक विनती है, आप उससे उसके अतीत के बारे में कुछ ना पूछिएगा और अभी घर पर किसी को मत बताइएगा। कारण की दीदी की मानसिक स्थिति ठीक नहीं है।

मानसिक स्थिति का सुनकर चाचा और चाची भी फिक्रमंद हो गये और बोले- अरे नकुल, सच बता मेरी शांति को क्या हुआ?

नकुल ने उनको समझाते हुए कहा- वह जिस शख्स के साथ विवाह करके रहती थीं, उसे गुजरे हुए अभी दस दिन हुए हैं। वही शान्ति दीदी को ब्याह कर दुबई लाया था। उन्हीं के साथ आयीं थीं और रह रहीं थीं। अब क्योंकि इतने दिनों का साथ था तो सदमा तो लगता ही है। वैसे वह स्वस्थ हैं, बस आप उसके अतीत को ना कुरेदना, बस इतनी विनती है।

नकुल ने यह भी बताया कि यह शख्स ही किसी लड़के के द्वारा शान्ति को दुबई लाया था। वह चाहता तो था कि दुबई में दीदी को बेच दिया जाए किंतु अपना बनाकर अपने ही पास रख लिया, कारण कि दीदी की मासूमियत पर उसको तरस आ गया। नकुल चाहता था घर से कानपुर, कानपुर से दुबई के सफर के यह स्याह पन्ने मिट जायें। हालांकि वह मिट सकने वाले नहीं थे, पर मंद ही पड़ जायें।

अब तो शांति दीदी करोड़ों की मालकिन है। दुबई के एक प्रतिष्ठित परिवार की बेगम है, आज वह सलमा मलिक है। बस यही एक धब्बा है कि वह किसी की बेवा है। ना मैं किसी से दीदी के कानपुर के रहने की बात करूंगा और ना ही कोई और कभी कानपुर की बात दुहरायेगा। मैं दीदी को समझाउंगा कि वह पिछले पांच वर्षों के कष्टों को सपने की तरह भूल जाए और नए सिरे से जिंदगी को आरंभ करे। इसके बाद उसने फोन रख दिया और वापस घर की ओर चल दिया।

रास्ते में भी वह दीदी के बारे में ही सोच रहा था। आज तो वह बेगम साहिबा हैं, यही तो उसने सुना था जब घर के नौकर बेगम साहिबा बोलते हुए नहीं थक रहे थे। बेगम साहिबा सुन कर अच्छा लग रहा था।

इन्हीं विचारों में गुम वह शान्ति के घर ''मलिक-विला'' पहुंचा तो काफी देर हो चुकी थी। सारे नौकर जा चुके थे शन्नो और खानसामा रूका हुआ था। इन बीते हुए दिनों में शान्ति का रहन-सहन बदला था, पर उसका खान-पान नहीं बदला था। वह आज भी शराब और मांस मछली का सेवन नहीं करती थी। असीम मलिक ने उसे कई बार शराब पिलाने की कोशिश की, पर उसने साफ मना कर दिया। हां, असीम मलिक ने उसे कभी मांस मछली खाने के लिए मजबूर नहीं किया बल्कि उसके लिए एक खास खानसामा था जो दक्षिण भारतीय ब्राह्मण था, उसके लिए रखा हुआ था।

खाने का नाम सुनकर नकुल को याद आया कि उसने सुबह से कुछ नहीं खाया है। उसने सोचा किसी रेस्टोरेंट से थोड़ा बहुत खाना लेकर जाए, नकुल को कई दिनों से भूख नहीं लग रही थी आज नकुल खाने के लिए बेचैन हो उठा था। आज तो उसे लगा कि भरपेट खाना चाहिए और शान्ति के लिए भी कुछ ले लूं ।

नकुल ने साथ आये नौकर से पूछा - कहीं पर शाकाहारी भोजनालय हो तो चलो, वहां से कुछ ले लें।

नौकर बोला- इसकी जरूरत नहीं है जनाब, हमारे स्वामी रसोईया बहुत ही लजीज हिन्दुस्तानी खाना तैयार करते हैं। उनका नाम रामास्वामी है, उनका नाम पूरे दुबई में शाकाहारी भोजन के लिए प्रसिद्ध था, तो मलिक साहब ने खास करके उसे होटल की नौकरी छुड़ाकर बेगम साहिबा के लिए रख लिया था। मांस और मछली तो अलग से दूसरा खानसामा बनाता है। यह सिर्फ बेगम साहिबा के लिए ही खाना बनाते हैं।

जो नौकर साथ आया था वह ड्राइवर भी था वह बोला- जनाब, अब चलें, आप भी चल कर थोड़ा आराम कर लीजिए। बेगम साहिबा बहुत अच्छी हैं हम सबका बहुत ख्याल रखती हैं, शन्नो तो उनको अपनी बेटी जैसा मानने लगी है और हमेशा उनके साथ यही रहती है। वह बेगम साहिबा की खास है और बेगम साहिबा ने मुझे भी हमेशा के लिए पनाह दे रखी है। हालांकि मैं भी परदेशी हूं। जो बांग्लादेश है, वहां ढाका का रहने वाला हूं। साहब ने मुझे भी अपने अजीजों से ज्यादा चाहा है, आया तो नौकरी के लिए था लेकिन

अब तो साहब का बनकर रह गया हूं। नाम था मुस्तफा गुलाम, लेकिन अपने आपको मलिक साहब का गुलाम ही कहता था और साहब भी गुलाम कहकर ही पुकारते थे। आप भी गुलाम कह कर ही पुकारोगे तो अच्छा लगेगा। मेरी हमेशा से ख्वाहिश थी कि आखिरी वक्त तक साहब की सेवा करूं, तो वह तो हो गयी, अब बेगम साहिबा की मर्जी है। मैं हर तरह का काम कर सकता हूं, घर के छोटे-मोटे काम से लेकर बाहर के सभी लेनदेन के काम भी मैं ही करता था। साहब को मुझ पर पूरा भरोसा था और मैंने कभी मलिक साहब का भरोसा नहीं तोड़ा। साहब से मिलने से पहले मैं करीब १० सालों तक इधर-उधर छोटे-मोटे काम करता रहा था। एक दिन साहब से मुलाकात हुई तो उन्होंने मुझे हमेशा के लिए अपने पास रख लिया। साहब मुझे अपना नौकर नहीं बल्कि दोस्त समझते थे।

रास्ते में मुस्तफा ने नकुल को यहां के बारे में सब बता दिया। यहां तक यह भी बताया कि बेगम साहिबा से पहले जो भी लड़की यहां आती थी, वह चंद दिनों तक इस घर में रहती थी, उसके बाद जैसे ही सौदा पक्का हुआ तो बेच दी जाती थी। बेगम साहिबा पहली हैं जिसने मलिक साहब के दिल पर राज किया और उनका दिल जीत लिया था। साहब का ही नहीं हम सब के दिलों पर भी राज करती हैं। इंसानियत क्या होती है, यह हमने बेगम साहिबा से ही सीखी है। उन्होंने कभी किसी नौकर को ऐ कह कर नहीं बुलाया, मुझे भी मुस्तफा भाई कहकर ही बुलाती हैं।

नकुल सोच रहा था यह नौकर कुछ ज्यादा ही चापलूसी कर रहा है या फिर वास्तव में निहायत ही शरीफ है।

नकुल ने पूछा– एक बात बताओ हिंदुस्तान से साहब से मिलने कौन-कौन आता था? कोई भाई या रिश्तेदार, तुम कितने दिनों से साहब के साथ हो?

वह बोला– जनाब, मुझे बीस साल हो गए और बांग्ला देश आजाद होने से पहले ही आया था। हम पर पाकिस्तानी फौज ने बहुत जुल्म किए थे, मेरा पूरा परिवार इनके जुल्म के कारण खत्म हो गया था, मैं किसी तरह से भाग कर आ पाया था। जहां तक साहब से मिलने वालों में एक बाजी तबस्सुम थीं, जो साल दो साल में आती थीं। अभी भी कुछ दिन पहले आयीं थीं लेकिन बेगम साहिबा ने रहने की इजाजत नहीं दी, तो इधर-उधर घूम कर वापस चली गयीं। उसके सिवा किसी को भी आज तक नहीं देखा। हां, कुछ यहां के दोस्त लोग हैं जो पार्टियों में शिरकत करते थे और इसके अलावा कोई नहीं था। मलिक

साहब ने भी कभी किसी अपने की चर्चा नहीं की।

जब नकुल दीदी के घर पहुंचा तो काफी देर हो चुकी थी, होटल घर से बहुत दूर था। आने जाने में करीब ३ घंटे लग गए। चारों ओर घना अंधेरा था, पर लाइट की रोशनी में सारा ''मलिक-विला'' जगमगा रहा था।

उसी खानसामा ने पूरा सात्विक भोजन नकुल और शान्ति को परोसा। नकुल को यह उम्मीद नहीं थी, कि वेज खाना इस घर में उसे मिलेगा। घर में शाकाहारी भोजन की खुशबू सूंघ कर नकुल डायनिंग के पास पहुंचा और इतना सारा शाकाहरी खाना देखकर बोला- अब लग रहा है कि मैं वास्तव में दीदी के घर आया हूं। मुझे लगा था कि बेगम साहिबा के घर ठीक से खाना मिलेगा कि नहीं सोच रहा था रास्ते से खाना ले लूं, पर मुस्तफा ने मना कर दिया था।

यह सुनकर शान्ति सिर्फ मुस्कुरा कर रह गयी और बोली- लगता है पूरी तरह पुलिस वाला नहीं बन पाया?

नकुल चहक कर बोला- बिल्कुल सही पहचाना है, मेरे में वो पुलिस वाले के गुण है ही नहीं, वह तो तुमसे मिलने की तड़प ने पुलिस की नौकरी और उच्च पद दिलवा दिया। अब ना ही मुझे पुलिस में रहना है और ना ही मुझे पद चाहिए, दिल्ली पहुंचते ही नौकरी छोड़ दूंगा। मेरा काम हो गया जिसके लिए मैंने यह नौकरी की थी।

शान्ति हंस कर प्यार से उसके सिर पर हाथ फिरा कर बोली- इतनी बढ़िया पुलिस की नौकरी ऐसे ही नहीं मिलती। इतना स्वार्थी मत बन, अब जनता की सेवा करने का मौका मिला है, तो जनता की सेवा कर और जो राह से भटके हैं, न्याय के लिए परेशान हैं उनका मसीहा बन कर उनकी मदद कर। मेरे भाई इस दुनियां में तेरे जैसे नेक और ईमानदार पुलिस अधिकारी की बहुत जरूरत है।

शान्ति ने जैसे ही स्वार्थी शब्द बोला तो नकुल को याद आया कि दीदी की बात तो चाची से करवानी है। वास्तव में नकुल स्वार्थी हो गया था। जैसे बचपन में दोनों कमरे में मस्त रहते थे, उसी मूड में आ गया था। जैसे ही नकुल ने चाची को फोन लगाया, तो चाचा-चाची शायद देर रात होने के कारण रास्ता देखते देखते थक कर सो गए थे। कुछ देर तक घंटी जाने के बाद चाचा ने फोन उठाया तो नकुल ने शान्ति को पकड़ा दिया।

शांति ने रूंधे गले से कहा - चाचा ... चाची, शान्ति की आवाज सुनाई

दी तो उस ओर काफी देर सन्नाटा छाया रहा।

कुछ देर बाद चाचा ने कहा- कैसी हो बेटी? इसके आगे उनकी आवाज भर्रा गयी।

शान्ति ने कहा- आपकी दुआ से अच्छी हूं चाचा जी, आप कैसे हैं?

मैं, मैं और चाचा की आवजा भर्रा गयी वह कुछ भी नहीं बोल पाये, बस उनकी हिचिकियां फोन पर सुनाई दे रहीं थीं। जिसे सुनकर शांति को उनके प्यार की गहराई का अहसास हो रहा था।

कुछ देर बाद शांति ने कहा-चाची से बात करवा दो, वह सो गयीं क्या?

अब तक चाची भी उठकर बैठ गयीं थी। चाची ने फोन लिया और भरे गले से बोलीं- बिटिया तू कैसी है? इतने दिनों में कभी हमारी याद नहीं आयी, हम क्या पराये थे, कम से कम हमसे तो बात करती और फूट-फूट कर रोने लगीं।

शान्ति चुपचाप आंसू पोंछते हुए चाची की प्यार और तड़फ भरी डांट सुन रही थी। आज तक वह अंदर से कितना दुखी थी, अब कितनी खुश थी उसको बयां करना मुश्किल था।

वह बोली- चाची, मुझे माफ कर दीजिये, मुझसे बहुत बड़ी भूल हई है। मैं जानती हूं मेरा अपराध माफी के लायक नहीं है फिर भी आप मुझे माफ कर दीजिये। चाची, आज आपकी आवाज सुन ली, आपसे बात हो गयी अब मैं बिल्कुल ठीक हूं। ज्यादा रात हो गई है, आप लोग आराम कीजिये, मैं सवेरे आपसे विस्तार से बात करूंगी। मैं ठीक हूं, आप चिंता ना करें।

चाची बोली- चिंता क्या करना है? इसी चिंता ने तो हमें चिता तक पहुंचा दिया है। बेटी जल्दी से मिल लो ताकि हम चैन से मर सकें, बस एक बार तुझे गले से लगाना चाहती हूं।

इतना सुनकर शान्ति फूट फूट कर रो पड़ी, वह आगे कुछ ना कह सकी। उसने फोन बंद कर दिया।

स्वामी ने खाना बहुत स्वादिष्ट बनाया था। कारण जबसे मलिक साहब गुजरे थे बेगम साहिबा ने भी मन से कुछ नहीं खाया था और ना ही कुछ बनाने के लिए कहा था।

खाना खाने के बाद नकुल बोला- दीदी, मुझे सुबह दिल्ली जाना होगा क्योंकि मैंने अपने कार्यालय में किसी को नहीं बताया था कि मैं दुबई जा रहा हूं। ऑफिस में हड़कंप मच गया होगा। शायद मुझे जाकर अपने वरिष्ठ

अधिकारियों को स्पष्टीकरण देना पड़ेगा। अब तो मुझे नौकरी से भी बर्खास्त कर दें तो चिंता नहीं मेरा मकसद पूरा हुआ। एक प्रकार से मुझे नई जिंदगी मिल गयी।

नकुल शांति का हाथ पकड़ कर बोला- दीदी, एक बार बोल दो तुमने मुझे माफ कर दिया, यह जो कुछ भी हुआ मेरी वजह से हुआ है।

शान्ति ने एक बार फिर नकुल को गले से लगा लिया और प्यार से कहा- मेरे भाई, इसमें तेरी गलती कतई नहीं थी, मेरी ही मत मारी गयी थी, मैं ही किसी के कारण अंधी हो गयी थी। मैं ही तेरा और परिवार का प्यार भूल गयी थी। मैंने जिसको चाहा था उसने मुझे चाहा तो था नहीं? वह तो फरेबी और सौदागर था, बस सौदा किया और भूल गया।

फिर कुछ सोच कर बोली- अब मैं किसी को याद करना नहीं चाहती, बस तू मिल गया, चाचा-चाची से बात हो गयी मुझे मेरा परिवार मिल जायेगा, मुझे और कुछ नहीं चाहिए। बस एक बार मैं अपने माता पिता से मिलना चाहती हूं, उन्हें देखना चाहती हूं, उनसे माफी मांगना चाहती हूं।

नकुल उसके पास आकर आंसू पोछने लगा, तो वह आंसू पोंछती हुयी बोली- मैं यहां के रस्मो रिवाज और समाज के लोगों के कारण कम से कम दो महीने बाहर नहीं जा सकती। कुछ तो बीबी का फर्ज निभाना पड़ेगा, नहीं तो लोग कहेंगे कि मरते ही माल लेकर फरार हो गयी।

तुझसे मिलने के बाद इच्छा तो यही हो रही है कि फरार हो जाऊं। मैंने भी इस शख्स को कब चाहा था, बस आजादी की ख्वाहिश थी, उसमें मलिक साहेब की मेहरबानी हो गयी। उनके द्वारा ही मैं उस नरक से बाहर निकल सकी थी, वरना पड़ी रहती उसी दलदल में। मैं उस बात को भूल नहीं सकती। इसीलिए यहां रहकर उनके लिए कुछ करके उनके अहसान का बोझ कुछ कम करना चाहती हूं।

नकुल ने उसके आंसू पोंछते हुए कहा- दीदी, सब ठीक हो जाएगा, मैं सब ठीक कर दूंगा, परिवार वालों को भी समझाउंगा, बाकी लोगों से हमें क्या लेना देना। इन समाज वालों को कोई समझा नहीं सकता? इतने वर्षों से लोगों के ताने ही तो सहे हैं।

शांति बोली- छोटू लोग अब क्या कहेंगे?

नकुल ने कहा- उसकी चिंता मत करो, तुम स्वस्थ हो, खुश हो, बस

यही मुझे चाहिए। बहुत जल्दी हम सब परिवार वाले तुम से आकर मिलेंगे। तुम अपना फर्ज निभाओ, बाकी किसी बात की चिंता मत करना। मैं हफ्ते दस दिनों में ही वापस आऊंगा या तो अधिकारिक तौर पर छानबीन करने या फिर चाचा-चाची आयेंगे। पता लगा कि उनके पासपोर्ट की तारीख समाप्त हो गई है वरना वह रुकने वाले नहीं थे। जल्दी ही दिल्ली जाकर पहले उनका पासपोर्ट बनवा लूंगा उसके बाद ही आऊंगा। इसके बाद वह दोनों बातें करते हुए कब सो गये पता ही नहीं चला।

उधर उस रात चाचा-चाची भी इतने खुश थे कि रात भर सो नहीं सके। बस बतियाते रहे शान्ति की याद में खोकर बातें ही करते रहे।

दूसरे दिन सुबह फिर चाचा-चाची ने शांति से बात करी। उसके बाद नकुल से बात करी, तो पता चला, वह हिंदुस्तान वापस लौटने की तैयारी कर रहा था।

चाचा ने पूछा- नकुल, बता तूने भैया भाभी से शांति के विषय में बात की है कि नहीं? हम से तो अब रहा नहीं जा रहा है?

नकुल बोला- हां, चाचा आप मम्मी पापा से कह देना शांति दीदी मिल गयीं हैं। बस उनकी तबियत का खयाल रखना कि वह इस खुशी को आसानी से सहन कर सकें। मैं अब तक बस यही सोच कर चुप था कि वह इस खुशी को झेल पायेंगे या नहीं। चाचा, आप स्वंय जाकर आराम से बता देना। बस अब मैं फोन रखता हूं।

कुछ ही घंटों में चाचा-चाची भाई के घर पहुंच गये। घर में जैसे ही उन्होंने अपने भाई-भाभी को यह समाचार दिया, तब पहले तो उनको विश्वास ही नहीं हुआ, फिर दुबारा कहने पर वह कुछ ना कह सके, बस भगवान के हाथ जोड़कर रो दिये।

चाची ने लाकर पानी पिलाया और बोलीं- अब रोने की जरूरत नहीं है हमारी शांति मिल गयी बस।

कुछ देर बाद बोले- मेरी बेटी ठीक तो है?

चाचा ने कहा- हां भैया बिल्कुल ठीक है। मेरी उससे बात हुई थी। वह आप दोनों को बहुत याद कर के रो रही थी।

मां ने कहा- याद कर रही थी, तो माता-पिता से बात करना भी मुनासिब नहीं समझा?

चाचा ने कहा- नहीं भाभी, ऐसी बात नहीं है, वह तो बस आप लोगों से डर रही थी इसलिए बात नहीं कर सकी लेकिन अब तो करेगी ना। चाचा ने उसके अतीत की कोई बात नहीं की। वह आगे बोले, हमारी शांति दुबई में है।

सभी चौंक कर एक साथ बोले- दुबई में है?

चाचा ने कहा- हां, वह दुबई में है, ठीक है, आप लोग जब भी उससे बात करें, तो वह वहां कैसे पहुंची या कहां थी? उसकी पिछली बातें बिल्कुल नहीं करना। नकुल ने इस बात की सख्त हितायत दी है। नकुल ने ही उसका पता लगाया है। और नकुल दुबई जाकर उससे मिल आया है। उसी ने मेरी बात करायी थी।

मंझले भाई नितिन ने जैसे ही सुना शांति दुबई में है, तो उसने कहा – पापा मैं और आपकी बहू दोनों कल ही दुबई जाते हैं, हमारे पासपोर्ट तो तैयार हैं। हमें देख कर शांति को अच्छा लगेगा और सबसे बड़ी बात हम शांति से मिल कर हम सभी को भी तसल्ली मिलेगी।

नितिन ने मन में सोचा शादी के बाद घूमने जाने वाले थे लेकिन मौका ही नहीं लगा, शान्ति के गम में सब कुछ भूल गए थे। अब मौका है दोनों ही काम हो जायेंगे।

पिताजी आंसू पोंछते हुए बोले- हां, यह ठीक रहेगा तुम्हारा घूमना भी हो जाएगा और शान्ति से मिलना भी। तुम्हारी कोई सरकारी नौकरी तो है नहीं कि छुट्टी की परेशानी होगी, तैयारी कर लो।

नितिन की पत्नी ने जब सुना तो वह बहुत खुश हुयी, वाह! हमारे भाग्य में हनीमून मनाना दुबई का लिखा था। जब से शादी हो कर आयी थी, लगता था घर वालों के चेहरे देखकर कि सब लोग ऐसे ही रो-रो कर जी रहे हैं जैसे घर ना घर होकर कोई वीराना हो। कोई ठीक से किसी से बात ही नहीं करता था। बस शान्ति की याद आते ही घर में निराशा छा जाती थी।

एक बार तो निक्की बहू ने अपने पीहर वालों से कह दिया कि तुमने मुझे वहां रोने पीटने वालों के बीच ब्याह दिया। उस घर में कोई खुश नहीं है। सब एक ही बात करते हैं शान्ति ऐसी, शान्ति वैसी, कहां है, कैसी है? शान्ति शान्ति शान्ति? इसके आगे सब कुछ शांत ऐसा लगता है, यह घर मशीन की तरह चल रहा है, चालू करो चालू, वरना सब कुछ बंद।

जीवन जीने के लिए सब खाना तो खाते हैं, पर खाना परोस गया, तो

खा लिया, खाते भी है तो औपचारिकता बस। कोई यह नहीं कहता कि खाना अच्छा है या बुरा।

आज देखकर लगता है सब में जान आ गयी है। पिताजी ने खुशी-खुशी कह दिया तुम लोग कल ही चले जाओ। कहां तो, बहू को दिल्ली अपने मां बाप से मिलने जाने के लिए मना कर देते थे।

यदि घर में कोई चहकता था, तो वह थी नन्हीं शान्ति। सबका दिल बहलाती रहती थी। नई बहू भी दिन भर उसके साथ ही रहती थी। ऐसा लगता था कि जैसे चाचा-चाची ने शान्ति को रखा था, वैसे ही यह शांति भी अपने चाचा-चाची को बहुत प्यारी थी। एक बार तो चाची ने कह दिया था, हमारी तरह बेटी को इतना प्यार मत करो, वरना कहीं चली गयी तो रोती रहोगी जैसे हम रो रहे हैं।

नितिन ने नकुल को फोन कर बोला- मैं और तेरी भाभी कल दुबई जा रहे हैं, तू जल्दी से उसका पता ठिकाना सब बता दे।

नकुल खुश होकर बोला- भैया, बस इतना ध्यान रखना आप लोग उसके अतीत के बारे में कोई बात मत करना। उसे बस ऐसा लगना चाहिए कि आप लोग हनीमून के लिए आए हैं। आप भी खुश रहिएगा और आपको देखकर दीदी भी खुश रहेंगी। उसकी खाली जिंदगी में कुछ रंग भर जाएगें। आप कोशिश करिएगा कि आपका प्यार उसके जीवन को खुशियों से भर दे। उसे अब नई जिंदगी शुरू करना है।

नितिन बोला- नकुल, तू चिंता मत कर मैंने तेरी भाभी को सब समझा दिया है। हमें किसी की जिंदगी में दखल नहीं देना है और ना ही अतीत में झांकना है। बस यही सोचना है कि शान्ति अपने ससुराल में है हमें किसी के ससुराल वालों को नाराज थोड़ी करना है। हम सब मैनेज कर लेंगे।

नकुल ने कहा- ठीक है, मैं आपके जाने का इंतजाम करता हूं। नकुल ने फटाफट दोनों की टिकट बुक करा दी और शान्ति का पता वगैरह सब बता दिया।

नितिन अपनी बीबी निक्की के साथ बिना बताए शांति के घर ''मलिक विला'' पहुंच गया। शांति को जैसे ही पता चला कि उससे मिलने कोई आया है। वह हाल में आयी और अपने भाई भाभी को देख कर चौंक गयी, उसे अपनी आंखों पर और अपनी किस्मत दोनों पर ही विश्वास नहीं हो पा रहा था। वह

अपने भाई के गले लग कर रो पड़ी। दोनों की आंखों से आंसू बह निकले थे।

कुछ देर बाद निक्की ने कहा- दीदी हम भी आपसे मिलने को लाइन में खड़े हैं।

यह सुन कर शांति हंस दी और भाभी को गले से लगा लिया। शान्ति उन्हें देखकर इतनी खुश हुई, जैसे नई भाभी को विदा करके अभी लायी हो, उसकी आज ही शादी हुई हो। उसने अपने हाथों से भाई और भाभी के लिए शन्नो के साथ मिलकर कमरा ठीक करवा दिया। उसमें उसने खाना पीना और जरूरत का सारा सामान रखवा दिया।

घर में जितना भी पीने पिलाने का सामान था जैसे मलिक की शराब की बोतलें एस्ट्रे आदि सब फिंकवा दी और कहा- इस घर में आप लोग भी आज से शाकाहारी ही खाएंगे, कोई भी मांस मछली की बात नहीं करेगा।

मेरा भाई सात्विक है हमारा सारा परिवार शाकाहारी है, मेरी किस्मत फूटी थी जो इन लोगों से पाला पड़ा था। अब तो सब दूर हो गया।

शान्ति ने खुश होकर भाई से कहा- भैया, मेरी हर आरजू तुम्हारी शादी के लिए थी, आज पूरी करना चाहती हूं। शादी में तो आ ना सकी, आज चाह रही थी कि आपके आने पर खूब नाचूं और तुम दोनों को खूब नचाऊं। लेकिन जमाने का ख्याल आता है इसलिए चुप रह जाती हूं। तुम लोग अपने कमरे में खूब नाच गा सकते हो। जितने दिन तक चाहो रहो, जाने का नाम मत लेना और ना ही इस कमरे से बाहर आना।

नितिन ने उसकी ओर मुस्करा कर देखा और फिर निक्की को देखने लगा।

शांति फिर चहक कर बोली- हां, भैया एक बात ध्यान रखना बहन का नेग मत भूलना, वह तो मैं लेकर ही रहूंगी। छोटी हूं छोड़ूंगी नहीं?

यह सुनकर नितिन की आंखों में आंसू आ गए उसने शान्ति को गले लगा लिया और बोला- हां बहना, अब मुझे जिंदगी भर तेरा नेग देना है, साथ में नन्हीं के लिए भी सहेजना है।

यह सुन कर वह खुश हो गयी। कुछ समय के लिए शान्ति यह भी भूल गई थी कि इस घर में कोई मौत हुई है। यह घर मातम पुर्सी का है। उससे तो लग रहा था शादी वाला घर है। घर में नई नवेली भाभी आई है, खुशी से चहक रही थी। शांति ने स्वामी को ढेर सारी हिदायत दे दीं। तीनों वक्त

क्या-क्या बनेगा कौन क्या खाएगा।

शान्ति ने भाभी से कहा- जितने दिन रहना है ना तो खाना बनाओगी, ना ही कुछ काम करोगी, सोच लो तुम्हारी मेहंदी उतरी नहीं। मेहंदी से याद आया अरे! शाम को भाभी को मेहंदी लगाना है।

उसने शन्नो को कहा मेहंदी लगाने का इन्तजाम करो। देखती हूं खाना कैसे खाएगी, मेरा भाई खिलाएगा अपने हाथों से, सचमुच बड़ा मजा आयेगा।

निक्की भी शांति का प्यार देख कर इतने दिनों के रंजो गम भूल गयी। वह यह भी भूल गयी कि दुबई घूमना है, उसे शान्ति का प्यार इतना भा गया कि बाहर जाने का मन ही नहीं करा। चार-पांच दिन कैसे बीत गए पता ही नहीं चला? कहां तो सोचा था दुबई घूमेंगे, पर सब कुछ भूल गये थे।

आज जुम्मा होने से मुस्तफा नितिन और निक्की को घुमाने ले गया। दिन भर घूमने के बाद जब भाई और भाभी वापस आए तो नितिन बोला – कल हमें जाना है क्योंकि मैं एक सप्ताह की छुट्टी लेकर आया था और वह एक सप्ताह कैसे बीत गया पता ही नहीं चला।

जाने की बात सुन कर शांति उदास हो गयी। उसे लगा जो आशा की किरण दिख रही थी, अब वह घुंधलाने लगी है।

उसके मनोभावों को समझकर नितिन ने कहा- शांति, तुम चिंता ना करो। तुम्हारे मातम के दिन जैसे ही खत्म होते हैं, एक बार घर आ जाओ, सब ठीक हो जायेगा। यहां सब तो आ सकते हैं लेकिन मां पिताजी नहीं आ पाएंगे क्योंकि वह जरूरत से ज्यादा कमजोर हो गए हैं। उम्र से ज्यादा तुम्हारी चिंता ने उन्हें थका दिया है। मां-बाप के खातिर बस एक बार घर आ जाओ। हमने तो तुम्हें देख लिया है तुम्हारे पास किसी प्रकार की कमी नहीं है? लेकिन माता पिता को आपको वगैर हर चीज की कमी लगती है।

शांति ने कहा- एक-दो हफ्ते रुक जाओ, मैं बात करके आ जाऊंगी। बस उन्हें समझाना कि उनके आशीर्वाद से मैं बिल्कुल ठीक हूं। जल्दी ही उनसे मिलूंगी।

नितिन ने सोचा अब जाते जाते शांति की माता पिता से बात अवश्य करानी चाहिए, वह वहां बेटी के गम में तड़प रहे होंगे। नितिन ने कहा- जो हुआ वह सब भूल कर एक बार उनसे बात कर लो, डरो मत, वह कुछ नहीं कहेंगे। अब तो वीडियो कॉल की सुविधा है एक बार जरूर बात कर लो, हमारी

तरह सबकी आंखें तरसती है तुम्हें देखने को।

बात करते करते नितिन ने वीडियो पर कॉल कर दिया। जैसे ही वीडियो कॉल पर बात करवाई तो उन्हें देख कर, एक बार तो शान्ति को विश्वास ही नहीं हुआ कि यह उसके ही माता-पिता हैं? इतने वर्षों में वो इतने बूढ़े लगने लगे थे कि वह बेटी होकर भी उन्हें पहचान नहीं पा रही थी।

माता पिता को देख कर शांति फूट-फूट कर रो पड़ी, वह बार बार एक ही बात दोहरा रही थी, मां मुझे माफ कर दीजिए, पिताजी मुझे माफ कर दीजिए, मुझसे बहुत बड़ी भूल हो गयी थी।

उधर से उसके माता-पिता का भी यही हाल था। पिताजी को बहुत कुछ धुंधला दिखने लगा था इसलिए वह पहचानने का प्रयास कर रहे थे।

कुछ शांत होने पर मुश्किल से मां ने आंसू पोंछते हुए पूछा- बेटी तू कैसी है? दस मिनिट में वह दोनों दस वाक्य भी नहीं बोल पाए।

दोनों ओर सभी की आंखों से आंसू की गंगा जमुना बह रही थी, जो दोनो ओर के दुख, कड़वाहट और गिले शिकवे अपनी धारा में बहा ले गयी थी।

तभी वहां पर दौड़ती हुई, नन्हीं शान्ति आयी और दादी की गोद में बैठकर चहकने लगी।

फोन पर शांति को देख कर बोली-दादी यह कौन है?

दादी बोली- यह तुम्हारी बुआ हैं परदेश में रहती हैं। आयेंगी तो जरूर मिलना।

बड़े भाई भाभी भी आ गये उन्होंने भी शांति के हाल पूछे और थोड़ा संभल कर कहा- शान्ति तुम अपना ख्याल रखो, हम सब ठीक हैं। अब सब की चिंताएं खत्म हो गयीं, तुम जो मिल गयी हो। अब यह घर फिर से घर हो जाएगा। उसके बाद फोन बंद कर दिया।

अब तो शान्ति रोज ही अपने चाचा-चाची से बात करने लगी, बस ऐसा लगा कि बड़ी भाभी इतनी खुश नहीं थी जितने कि दूसरे घर वाले थे।

नितिन और निक्की जब जाने लगे तो निक्की बोली- दीदी, हम आपको बेगम साहिबा की जगह, रानी साहिबा कहेंगे तो कैसा रहेगा? हमारे लिए तो तुम रानी साहिबा ही हो, वैसे भी तुम हमारे घर की रानी हो, हम तो रानी साहिबा ही कहेंगे। सच! रानी साहिबा, आप के राज में हमे जो इतनी खुशी और आराम मिला है वह आज तक नहीं मिला था। एक बार घर आ जाओ

तुम्हारी ताजपोशी करवा कर रहेंगे। हम कोशिश करेंगे कि किसी शाही परिवार में तुम्हारी शादी करवायें।

शान्ति ने सोचा नहीं था कि भाभी भी इतनी प्यारी हो सकती है, जितनी की निक्की थी? वह तो सोच रही थी कि भाभियां शायद ही उसे अपने घर में आने दें, हो सकता है डांट करके भगा दें, यदि नहीं भी भगायें तो लोक लाज के कारण घर आने से मना कर दें लेकिन शान्ति का सोचना निराधार था।

निक्की भाभी तो शान्ति को रंगीन दुनिया में खींच ले गयी, जैसे सपना उसने संतोष के साथ देखे थे, एक बार फिर उसकी आंखों में तैर गए। संतोष की याद आते ही उसकी नफरत की आग फिर भड़क उठी, उसके दिल में आया कि एक बार फिर यदि वह सामने आ जाए, तो उसका वह बुरा हाल करूं कि किसी लड़की की तरफ देख ही नहीं पाए।

शान्ति को कुछ भी नहीं करना पड़ा संतोष और तबस्सुम ने अपने गुनाह कोर्ट में भी कुबूल कर लिए। दोनों को सजा हो गयी और वह जेल में सजा काट रहे थे। जैसा कि असलम ने नकुल को खबर दी और पुलिस का गवाह बन गया था, तो असलम को जरूर बचा लिया गया था। कानपुर का बाजी महल सब अनैतिक गतिविधियों से मुक्त होकर एक जाना पहचाना सोशल क्लब बन गया था।

कुछ समय बाद नकुल ने भी अपने लिए सरकारी बंगला ले लिया था और एक महीने बाद शान्ति दीदी को घर तो नहीं ले गया किंतु दिल्ली के बंगले में ले आया था। वहीं पर सबको बुलाकर, उसकी सब से मुलाकात हो गयी। अपने माता-पिता से मिल कर वह बहुत खुश हुयी और उनकी गोद में सर रखकर बहुत देर तक आंसू बहाती रही।

मां ने उसे गले लगाकर बहुत प्यार किया। सबसे मिलकर शांति को ऐसा लग रहा था मानों उसका बचपना फिर वापस लौट आया है। सबसे मिल कर भी उसका मन नहीं भर रहा था। वह छोटी शांति के साथ मिलकर मस्ती कर रही थी।

खुशी के पलों में बात निकली कि दुबई की जायदाद का क्या किया जाए?

उसके बड़े भाइयों ने कहा- हमको किसी को कुछ नहीं चाहिए। शान्ति तुम चाहो तो उसके लिए एक ट्रस्ट बना दो, जिन भारतीय लोगों को दुबई में आसरा नहीं मिलता, उन्हें ठिकाना हो जाएगा क्योंकि घर इतना बड़ा है कि

 तंग गलियों के बंद दरवाजे

उसमें पचास लोग एक साथ रह सकते हैं।

नकुल बोला- हां, दीदी यह ठीक रहेगा, आप ट्रस्टी बनी रहना, बाकी हम लोग देखते रहेंगे। तुम्हारी दौलत का सदुपयोग हो जाएगा और लोगों का कल्याण भी होगा बेसहारा लोगों को सहारा भी मिल जायेगा।

यह बात सबको अच्छी लगी कुछ समय बाद मलिक विला को ''रानी सराय'' नाम दिया गया। शन्नो और मुस्तफा का निकाह करा कर, वहां का केयर टेकर बना दिया गया।

क्योंकि मुस्तफा और शन्नो ही वह व्यक्ति थे, जो यह जानते थे कि कितनी लड़कियां इस घर में आकर ठहरी थीं और अब कहां-कहां भटक रही हैं। वह यह भी जानते थे कि उनको ढूंढ कर रानी सराय में पनाह देना है। उनकी हर तरह से मदद करना है।

उन्होंने ऐसा ही किया जो भटक रही थीं, किसी होटल में नौकरी कर रही थीं या फिर कहीं और घरेलू नौकर बन कर कष्टों में रह रही थीं। उन सब को लाकर रानी सराय में जगह दे दी गयी और उन्हें इज्जत के साथ अच्छा काम भी दिला दिया।

कहते हैं कि एक कदम अच्छाई के लिए बढ़ाओ तो वही कदम कारवां में बदल जाता है और वही रानी सराय में हुआ। बहकी हुई या बेची गयीं लड़कियां जो दुबई में आकर बेसहारा हो गयीं थीं, उन्हें सहारा और पनाह मिल गयी।

स्वामी रसोईया सबके खाने की व्यवस्था करने लगा था। सराय में विशेषकर लड़कियों के लिए रहना खाना मुफ्त में मिलता था। धीरे-धीरे रानी सराय का नाम चल निकला, उसकी एक प्रतिष्ठा बन गयी थी। उसे आर्थिक सहायता भी लोग करने लगे थे। जो लोग बाहर से विशेषकर हिंदुस्तान से काम की तलाश में आते थे, उनमें से कुछ तो यहां आकर बस गए, उन्होंने अच्छी खासी आर्थिक मदद देना शुरू कर दिया।

जिनको काम धंधा नहीं मिला उन्हें खाना और पनाह मिल जाती थी। ताकि वह कुछ समय यहां रह कर अपना काम ढूंढ सकें।

ऐसे ही एक कारोबारी थे दिल्ली के पास के खुशाल सिंह यहां आकर कमाने के चक्कर में लगे रहे और कभी अपना घर बसाने की सोच नहीं पाए। उनकी जब शान्ति से मुलाकात हुई तो वह उसके विचारों और कार्यों से बहुत प्रभावित हुये। उन्होंने शान्ति के परिवार वालों के सामने, उसको अपनी पत्नी

बनाने का प्रस्ताव पेश कर दिया।

वाकई जो निक्की के मुंह से निकला था, वह सच हो गया और शान्ति वास्तव में एक खुशहाल और संपन्न परिवार की बहू बनने जा रही थी। जब चाचा-चाची और नकुल को इस संबंध में पता लगा तो पूरे परिवार ने सहर्ष स्वीकार करके, दिल्ली आकर धूमधाम से उसकी शादी कर दी। चाचा-चाची की भी अंतिम इच्छा पूरी हो गयी, वे हमेशा से चाहती थीं कि शान्ति का कन्यादान वही करेंगे। सभी ने मिलकर शांति को दुबई के लिए बिदा किया और आते रहने का वादा भी लिया।

अभी तक शान्ति अपने भाग्य और करनी को कोसती रही रहती थी, अब जाकर महसूस हुआ कि जो होता है अच्छा ही होता है। कठिन परिस्थितियों में संयम रखा जाए तो सब ठीक होता है। कभी कभी ना चाहते हुए भी जीवन में ऐसे कठिन मोड़ आ जाते हैं जिन पर चल कर हमारी जिन्दगी डगमगा जाती है। आगे बढ़ने की कोई राह दिखायी नहीं देती है, पर ऐसे समय ही सही बुद्धि विवेक का इस्तेमाल करके धैर्य से काम लेकर हम उस कठिन समय को पार कर सकते हैं। बस हमारा उद्देश्य सही होना चाहिए। हर किसी को अपनी गल्तियों से सबक अवश्य लेना चाहिए।

कोई भी मां-बाप परिवार अपने बच्चों का बुरा नहीं चाहते हैं। चाहे कितने ही कठोर मां-बाप क्यों ना हों, लेकिन बच्चों का भला ही चाहते हैं। बुरी सलाह बुरे दुश्मन से ज्यादा बुरी होती है। यदि उसने संतोष की सलाह नहीं मानी होती, तो उसकी जिंदगी में इतनी कठिनाइयां नहीं मिलती, जो पीड़ा सही, नहीं सहना पड़ती और ना ही उसके परिवार को इतना कष्ट भोगना पड़ता? इसीलिए चाहे वह लड़का हो या लड़की उन्हें अपने सभी सीक्रेट माता पिता से शेयर करना चाहिए। अपने माता-पिता की बात मानना चाहिए और कुछ भी करने से पहले माता-पिता की सलाह अवश्य लेना चाहिए।

---ooo---

 तंग गलियों के बंद दरवाजे